JN025891

実践から学ぶ
地域活性化

梅村 仁 編著

小川 長 著
梶 英樹
高田 剛司
竹田 英司
竹下 智
藤原 直樹

多様な手法
と
多彩なカタチ

同友館

もくじ

序章
多様な手法と多彩なカタチ

❶ 本書の目的

　わが国において，地域政策が本格的に展開されるようになったのは，戦後の経済復興とその後の高度経済成長に伴い，地域間格差の問題がクローズアップされた1960年代からと言われている。それ以降，国としては，「地域間格差の是正による国土の均衡ある発展」を基本的な目標とした全国総合開発計画を策定するとともに，各種の施策を講じることにより，地方圏への人口と産業の配置を進め，一定の成果を上げてきた。また，各地域においても，地域づくりのための活動が活発化し，地域政策に大きな関心が寄せられるようになってきた。しかし，経済のグローバル化・成熟化，少子・高齢化，財政面の制約，情報化の進展，新型コロナの感染拡大による新しい生活への変化など，これからの地域のあり方に大きな影響を与えることが予想される。このようななか，「まち・ひと・しごと創生法」が策定され，第1条において「少子高齢化の進展に的確に対応し，人口の減少に歯止めをかけるとともに，東京圏への人口の過度の集中を是正し，それぞれの地域で住みよい環境を確保して，将来にわたって活力ある日本社会を維持していくために，まち・ひと・しごと創生に関する施策を総合的かつ計画的に実施する」と記されている。つまり地方創生というのは，人口減少対策と東京一極集中の是正を図りながら，地域活性化に取り組む多様な主体を支援するものといえる。こうした中で，持続可能な地域を形成するための地域経済の自立が求められ，ひとを集める集積装置としての「仕事」づくりと，それらを担う「ヒト」づくりが大きく注目されている。これからの仕事づくりのキーワードは，中小企業，プラットフォーム，ネットワーク，クラウドファンディングなど都市が保有する「今あるもの」と「新し

1

いもの」の創造的な組み合わせをいかにして生み出すことができるかにかかっていると言って過言ではないだろう。しかし，このような考え方は，従来の地域政策の見直しを迫るものでもあり，現在，新しい地域政策のあり方が問われている。

このような「地域経済の自立的発展」という政策的テーマを実現していくためには，地方財政，社会資本整備，地域産業振興など幅広い問題について，新しい観点に立った理論的・実証的な検討・議論が必要であると思われる。

本書は，こうした背景からこれからの地域政策をつむいでいくために「仕事」づくりと「ヒト」づくりの両面から地域の事象にアプローチして論証を深め，「まちづくり」を総合的に考えていきたい。

❷ 価値観の変化

2000年代に入ると，2008年のアメリカのリーマンショックや，2011年の東日本大震災など，それまでの価値観が揺さぶられる大きな出来事が起こった。人々は，健康や豊かな時間の使い方，根源的な暮らしの価値を見つめ直し，それを求める流れが世界中で見られるようになり，SDGsへの取り組みなどもその一つだろう。日本でも新型コロナウイルスの影響でテレワークが広がる中，都市部を離れ，地方移住への関心が高まってきている。総務省の人口移動報告によると，東京都では2020年7月以降，他道府県への転出が転入を上回る状況が半年間続いていた。また，ふるさと回帰支援センターへの移住相談件数もコロナ渦前と比較すると増加傾向にある。そうした潮流の源泉として，第7章でも触れるが「働き方」への変化が大きいと考える。内閣府が2020年12月に実施した意識調査によると東京圏移住者が地方への移住に関心を持つ理由は，「自然豊かな環境に魅力」（28.8%）が最多だったが，次いで「テレワークで地方でも働ける」（24.1%），「生活様式を地方での生活重視に」（17.9%）となっている。

例えば，近年，多くの人が米国オレゴン州ポートランドを訪問している。

ポートランドは，米国で「最も住みたいまち」の一つであり，「子育てに優し
いまち」「サステイナブルなまち」「食のまち」などのシティランキングの常連
となるなど，様々な視点からエコロジカルかつクリエイティブな都市として注
目されている。この街の魅力に惹かれ，クリエイターや若者を中心に移住する
人は後を絶たず，人口は増加の一途をたどっている。このことから，全米から
注目を集めていることに加え，日本でも関連書籍が刊行されたり，雑誌で特集
が組まれたりするなど，ポートランドブームが起きていると言えよう。なぜ，
ポートランドは，多くの人を引き付けるのか，なぜ最も住みやすい街と言われ
るのか，考えてみたい。

図表序-1　ポートランド市の多様な称号

○全米で最も環境に優しい都市
○全米でも最も自転車通勤に適した都市
○外食目的で出かける価値のある都市
○世界一のスケートボード都市
○全米で最も出産に適した都市
○独立系映画制作に適した全米10都市の一つ
○ニューアーバニズムの先進10都市の一つ

出所：吹田（2015）。

❸ 最も住みたいまち・ポートランド

　ポートランドがなぜ注目を集めるのか，改めてその魅力について考えると，
一言でいえば「心休まる雰囲気のある創造的空間」としての街にあるように思
う。しかし，例えば日本国内の創造都市の代表格である札幌，横浜，金沢と比
較して，ポートランドの街並みから受ける印象は，必ずしも圧倒的な存在とは
映らない。では，その居心地の良さとともに，ワクワク感はどこから来るのだ
ろうか。

(1) 概要

　アメリカ西海岸のオレゴン州北西部に位置し，オレゴン州最大の都市である　ポートランドは，全米最古の広大なバラ園を持つことから，"バラの街（City　of Roses）"の愛称でも知られている。人口は約65万人（2019年米国勢調査），全米25位の都市であり，日本では札幌や仙台，広島，福岡などと同程度の規模感の街である。

　1840年代の開拓者たちによって街が作られはじめ，農林業で栄え，人口が増加した。西へ西へと進んで行ったアメリカの開拓史の中でも最後の土地となったのがオレゴン州であり，街の中にはゴロゴロと切り株が残る形で街の開拓は始まったとされる。そうしたことから，ここはかつて，「Stump Town（スタンプタウン）」と呼ばれていた。「スタンプ」とは，"切り株"のことを指し，開拓時代，街を築こうと木を切り倒して行った名残である。しかし，今ではその切り株が再び立派な木となり，ポートランドという街に緑の豊かさをもたらしている。現在では，ポートランドは西海岸最大の貿易港（木材輸出など）として栄え，トヨタ・ホンダ・スバルの輸入港であり，また，日本向け米国産小麦の大半がここから輸出されている。主産業は農業と林業だったが，現在は近郊にインテルの生産・研究拠点が立地するなど，ハイテク産業やクリーンテクノロジー産業の進出もめざましく，カリフォルニアのシリコンバレーと並ぶオレゴンのシリコンフォレストと呼ばれている。インフラも整備され，電力コストも安いなど，ポートランドには米国市場で最大手の信越半導体をはじめNEC，富士通，エプソンなど約150社の日系企業が事業を展開している。

(2) まちの発展

　ポートランドは，ウィラメット川沿いに造られた製鉄所と造船所を産業の軸に工業都市として発展してきた。しかし，工業の発展により人口増加及び自動車の増加が顕著となり，汚水，大気汚染などの公害が深刻化していった。また，1968年に連邦政府と州政府は，ポートランドの真ん中を流れるウィラメット川沿いの高速道路拡張計画を表明したが，市民がそれを拒否し，大きな運動

図表序-2　ポートランドと日本企業の交流会

出所：プロスパーポートランド。

に発展し高速道路そのものを撤去してしまった。そして跡地に，市民の憩いの場として公園を設けるとともに高速道路用予算の一部を，路面電車やバスなどの公共交通機関の整備に充当することとなった。こうした行動は，一般的には考えられないことであるが，ポートランドに存在する特有のスピリットが導いたと考えられる。

　また，公害対策として，ウィラメット川の環境浄化，大気汚染対策を実施するとともに，1979年に都市部と農地や森林などの土地利用を区分する「都市成長境界線（以下，境界線）」が導入された。これは開発を認める都市部と認めない郊外を分け，農地や森林を保全すると同時に，都市部では機能がコンパクトに集中した効率的な生活を営めることを目的としている。実際に，自然豊かな境界線の外では農業が盛んに行われ，農家は都市部に住む住民や企業に向けて新鮮な農産物を届けることで共存しており，街中で開催されるファーマーズマーケットはいつも大変な賑わいである。また，ポートランドの景観美保存と産業振興や住宅開発のバランスを保つ意味で，非常に大切な役割を果たしていると言えよう。一方，現在のポートランドは人口増加傾向であり，そのために物価や不動産価格が上昇し，ジェントリフィケーション問題（都市の富裕化現象：例えば，古くからの居住者が家賃高騰のため住めなくなること）が起きて

いることも注視しなければならない。

(3) まちの雰囲気を楽しむ文化

　ポートランドには，市民主体のまちづくりや街全体を覆う独自の文化が発達し，「人を引き付ける」何かが存在している。近年の移住者の傾向として，サンフランシスコやロサンゼルスなどの米国西海岸の大都市エリアからが多いようである。その表れとして，郊外にインテル，ナイキの本社が立地し，街の中心部であるパール地区（元倉庫街）にはスポーツブランドメーカーのコロンビアやキーンの本社が移転して来ている。また，日本のアウトドアメーカーであるスノーピークも2020年にポートランドに出店している。

　ポートランドの象徴ともいえるAce Hotel（エースホテル）は，約90年前に建設された古いビルをリノベーションしたものであり，1階のロビーラウンジは，宿泊者だけでなく地域の人々に開放されたコミュニティスペースとなっており，コーヒー（STUMPTOWN COFFEE ROASTERSの店舗併設）を片手に新聞を読む人や，PCを開いて仕事をする人，旅の計画を話し合う旅行者などが大きなテーブルを囲んでいる。このように街の空間を楽しむ人々がとても多いと感じる。また，ポートランドには，カフェは約700件以上，マイクロブルワリーも約70件以上あると言われている。なぜ，そんなに多くの店舗があるのだろうか。ポートランドは，それほど大きな都市ではないが，脱車社会を本気で目指していることからであろうか，徒歩や自転車，公共交通機関を使って外出できる充実した環境整備が影響していると考える。また，ポートランドには，市に認められた公式な組織として，住民の自治組織である「ネイバーフッド・アソシエーション」があり，年間活動予算の支援を受けつつ，地域で何か問題が起こったときには，都市計画策定への参加，歴史的建造物の保存活動，低所得者向け住宅の開発提案などに個人単位で自主的に参加する仕組みがある。なぜ，多くの方が積極的に参加するのだろうか。それは，義務感ではなく，「コミュニティをよくしたい」「社会制度をよくしたい」「人のために役立ちたい」という社会的動機，「ネットワークをつくりたい」「学び」という個人

図表序-3　街中で楽しむwirdな方々

出所：筆者撮影。

的動機，それに「単純に参加して楽しいから」という回答が多いそうである。
つまり，「楽しい，面白い」からであろう。こうした市民参加の動機付けは，
どのようにすれば設定し，認識されるのであろうか，その土壌づくりに強く興
味を持っている。

（4）なぜ，ヒトはポートランドに惹かれるのか

ポートランドの朝は，川沿いジョギングを楽しむ人や通勤・通学するサイク
リストが実に多い。道路には広い自転車専用レーンがあり，バスや電車などの
公共交通機関もほぼ定時運行され，真の「市民の足」となっており，脱車社会
を目指していることが理解できる。

2019年9月，本書の執筆メンバーの多くが所属する日本計画行政学会関西
支部のメンバーとポートランドに滞在し，現状を調査するとともにその魅力に
ついてディスカッションした。

ポートランドには，上述してきたように高い市民性，エコな環境，イノベー
ティブな空気感，機動的な行政機関の存在を基盤として，ローカルを軸とした
地域活性化が根付いていることが大きな魅力となっている。

本当に大切なものは何か，自分らしく暮らせる場所とは何かを常に考え，多くの市民が自分たちの暮らしや街づくりに関する対話と協働により，相互理解と寛容性，多様性が高まっているのであろう。こうした街の空気感に惹かれ，クリエイターや起業家たちも集まり，さらに魅力的なまちづくりに繋がっているのである。人がまちをつくり，まちが人を育て，支え合う，こうした環境がポートランドには存在している。では，どのようにすればこのような環境づくりが実際に行えるのか，その多様な手法と多彩なカタチを探したいとの思いが本書企画の動機となっている。

❹ 本書の特徴

　現在，地域活性化や地方創生に関する書籍は数多く出版されている。そうした中で，本書の特徴は，経済学，経営学，行政学，都市政策など様々な学問領域の専門家から構成されており，それぞれが地域を研究対象として，フィールドワークを元にした研究業績を持っていることである。また，執筆陣の多くが当初からの研究者ではなく，企業や自治体などの勤務経験を経ていることから，地域社会の問題や厳しさに直面し，その課題解決に向けて仕事として取り組んだ経験からの多くの視座を持っていることも本書の強みになっている。

　本書は以下の3部から構成されている。

　第1部は，まちづくりに関わる地域活性化について論じている。

　<第1章>「地域活性化」という言葉を日頃から頻繁に耳にするし，私たち自身もよく使っている。しかし，改めて地域活性化とは何かと問われると，明確に答えることは意外に難しい。また，地方活性化という言葉について各自が持っているイメージが，それぞれに異なっているので，あれも地域の活性化のため，これも地域の活性化のためと，地域活性化という言葉を冠して様々な取り組みが行われているというのが現状である。このように，地域活性化という言葉は広義に，多義的に使われている。本書のテーマは，地域活性化であるが，キーワードの意味がこのように曖昧なままでは議論が混乱し，道筋が見え

にくくなってしまいかねない。そこで本章では，まず原点に立ち返り，地域活性化とは何かということについて検討する。わが国において，地域活性化という言葉が使われるようになった歴史的な経緯，その背景にある人口動向や社会構造の変化，経済および財政状況の変容に関する考察に基づいて地域活性化の意味を明らかにし，私たちが主体的に，説得的に地域活性化を実践していくための根拠を本章で示しておきたい。それが，次章からの事例を実践に活かす道標になると考えているからである。

　<第2章>日本の社会において，今後，軽視できない社会的リスクが道路や橋といった地域のインフラストラクチャー（社会資本）の劣化である。人々の生命や財産を守り快適な生活を確保するためには，これらインフラの整備が不可欠である。地域インフラのなかでも，特に人間の生活にとって必要不可欠な水を供給する水道と，家庭や仕事場などで利用した水（汚水）や雨水を処理して衛生的で安全な環境を保つ上下水道事業に注目して，今後のインフラ管理のあり方を考察する。日本において上下水道事業は原則として市町村が行うこととなっており，今日の上下水道事業の主たる課題は「老朽化した施設の改築更新」「要求水準の高度化」「収支の悪化」「市民参画・合意形成」の4点である。現在，事業の広域化や民間委託と経営形態の変更により経営効率化を図る動きがみられるが，水は人間にとって非常に大切なものであるがゆえに，上下水道事業の運営には効率性と公平性のバランスを確保することが求められる。地域インフラ管理は，地域の実情に応じてふさわしい運営方法を選択できることが望ましい。地域ごとの最適な規模や形態について，地域住民との意見交換を通じた合意形成を重ね，選択していくことが必要である。

　<第3章>近年，ベンチャー起業家，アーティストやNPO等が，実現したいアイデアをインターネット上に公開することにより広く多数人から資金を調達するクラウドファンディングが注目を集めており，まちづくりなどを実現する手段として全国的に活用が進んでいる。政府・地方自治体も「まち・ひと・しごと創生総合戦略」の着実な推進のために，クラウドファンディングの活用を後押ししている。クラウドファンディングは，不特定多数人の集合知によって

資金獲得の成否が決められる特徴があり，従来の金融の仕組みでは調達が難しかった地域活性化事業への資金確保の可能性を広げている。クラウドファンディングの種類は多種多様であり，資金を求めている人が出資を提供した人に対して金銭的あるいは非金銭的なリターンを提供するかどうかで大きく分けられる。本書では特に地域活性化への利用頻度が多い購入型クラウドファンディングの仕組みについて詳しく紹介する。また，クラウドファンディングにおける出資行動は募集開始初期と終期に出資が多く集まる傾向があり，また資金調達の成功には，資金を求める人のオンラインやオフライン上での積極的な働きかけが影響を及ぼしている。最後に，クラウドファンディングが地域活性化にどのように活用しうるのかについて，地域住民と大学が連携して取り組んだ高知県大豊町での事例を紹介する。

　<第4章>尾道市は，広島県東部に位置する人口13.4万人の地方都市である。尾道は，古くから対明貿易船や北前船，内海航行船が寄港する港町として繁栄した商業の町であり，山と海に挟まれた坂の町としても有名である。また，林芙美子や志賀直哉など多くの文人墨客の足跡を残す文化の町であり，近年では数々の名作の舞台となった映画の町でもある。

　こうした観光の町としての知名度とともに尾道を全国的に有名にしているのが，「NPO法人尾道空き家再生プロジェクト」の活動である。本章では，この空き家再生の活動内容を事例に取り上げている。豊田代表を始めメンバーたちは，地域への思いを原動力に，「負の資産だとみんなから思われていた斜面地の空き家を，後世に残すべき価値ある資産だと信じて」地道な活動に取り組んできた。その過程で培われてきたノウハウも，本章で紹介している。しかし，読者に伝えたいことは，そうした仕組みや工夫といったノウハウだけではない。それ以上に大切なのは，そうした仕組みや工夫がなぜ生まれたのか，それを動かしている原動力は何なのか，彼らはなぜそこまでやるのかということであり，それを読み取って，それを自らの実践に活かしてもらえれば望外である。

　第2部は，仕事づくりに関わる地域活性化について論じている。

　<第5章>地方創生において重要な位置づけとなっている「観光」，そして，その中心的な役割が期待されるDMOの形成過程に焦点をあてたものである。観光客を受け入れる地域の側の場づくり，さらに，その場を活用した地域内での多様な連携による「仕事」づくりについて，香川県丸亀市の事例が紹介されている。そこでは，これまでの宿泊業や旅行業，観光施設，土産物店などの範囲でとらえられてきた観光関連産業だけでなく，さらに幅広い産業の事業者や市民も巻き込んで，地域全体で取り組むためのプラットフォームの重要性が示された。「丸亀版DMO懇談会」では，多くの参加者が集いやすいように，様々な運営上の工夫が試みられており，また「仕事」づくりにつなげるために，プラットフォームが交流や情報交換の場に留まることなく，連携した新たなビジネスチャンスの場として機能させることの必要性を言及したものとなっている。

　<第6章>生産地のツーリズム化とは，生産地での産業観光や農業観光など，個人観光や着地型観光をいう。生産地のツーリズム化は，地域の生活に密着した個人観光や着地型観光である。しかし地元の人たちは，身のまわりのモノやコトがあまりにも日常的存在すぎて，それらの価値に気づかず生活している。身のまわりのいたる所に，観光資源や付加価値は潜在している。住んでいる地域の歴史，産業，文化など，身のまわりにあるモノやコトの特色を見つめ直し，「地域の稼ぐ力」として再構築することの重要性を示すことが，本章のねらいである。本章で取り上げた「波佐見焼」地場産業などの「地域の稼ぐ力」は，その土地ならではの魅力であり，地域経済を支える大きな柱である。新しいモノやサービスが生まれては，注目を集めている。新しいモノやサービスは，私たちの生活を豊かにしてくれるが，「地域の稼ぐ力」である移出産業を再生や育成しなければ，どこの地域も似たような場所になり，地域に魅力が感じられなくなってしまう。他の地域と差別化するためにも，長崎県波佐見町のように，新しいモノや新しいサービスを取り入れた「地域の稼ぐ力」の再生や育成に取り組むべきである。

＜第7章＞新型コロナウイルスの感染拡大を機に，今後の働き方が模索されるとともに，地方移住への関心が高まっている現状を踏まえ，地方都市に立地するサテライトオフィスを事例に，企業の働き方改革も含めデジタル社会に向けたテレワークの可能性について考察している。昨今の人手不足の中，都市部では人材採用が難しく，また若者を中心とした働き方の価値観も大きく変わってきており，サテライトオフィスの活用は，企業ビジョンと働き手のライフワークが合致したカタチである。サテライトオフィスというカタチによる企業進出は，「まちの新たな職場」として働く場を手にすることが難しかった人々に雇用を提供することのできる可能性があることに着目し，徳島県神山町及び和歌山県白浜町を対象に事例調査し，以下の様にインプリケーションを示した。①IT産業は，創造的な産業とされ，企業の立地要因からもわかるようにITインフラが整備されていれば，その立地は必ずしも都市に限定されないこと，②テレワークが万能ではないこと，③新たな働き方として，仕事への意欲向上に繋ぐためにも，従業員のライフワークに基づき，「いつ」，「どこで」，「どのように」働きたいかを選択できる「働く場」づくりが求められている。

　＜第8章＞少子高齢化により日本の市場は縮小していくが，世界ではかつて日本が経験したような経済発展を達成し，経済規模を拡大しつつある国々が存在する。企業が海外市場への販路開拓を行うに際して，有効と考えられる手法が国際見本市出展である。国際見本市において企業は販路開拓，販売促進，テスト・マーケティング，調査，情報収集など幅広い活動を効率的に行うことができる。見本市には多数の企業・バイヤーが一堂に会するので，出張してこれらの企業を1社ずつ訪れるよりも効率的に商談できる。見本市に継続的に出展することにより企業や商品・サービスの知名度が上がる，その業界に関する多様なアイディアに接し，競争相手の展示を通じて見えてくる業界の流行を観察するとともに精査し，第3者から自社の競争相手や顧客の情報を入手する。国際見本市を活用した海外販路開拓支援のような見本市出展への支援は地域活性化の観点から自治体や商工会議所が行っており，企業は自社で最も使いやすい出展支援制度を活用している。このような政策のめざすところは，東京をはじ

め都市部の企業や政府関係機関が担う国際ビジネスの地理的分権化であり，地方が海外とのつながりを多く持つことで，その創造性を高めることにある。

第3部は，ヒトづくりに関わる地域活性化について論じている。

<第9章>2000年代から出現してきた「ソーシャル系大学」と呼ばれる，人々の学びと交流の場を取り上げ，この場が地域の「ヒト」づくりにつながる仕組みの一つとして有効ではないかと主張している。ソーシャル系大学の多くは，人口や企業が集積している大都市で開設されている事例が多いが，ここでは地方都市の事例として，執筆者自身が開校のプロセスに携わった三重県伊勢市の「伊勢やまだ大学」が紹介された。この事例から，地域活性化には，最終的にはそこに住み，地域のことを考える「ヒト」が増えていくことが重要であり，一人の活動ではなく「ヒト」と「ヒト」が結び付いて連携・協力し，地域力を高めることの必要性が強調されている。教室の中の座学だけでなく，まちなかに出て，時には身体を動かし体験をしながら，参加者同士で交流を深めることに大きな特徴を持つ「ソーシャル系大学」の今後の可能性を示したものとなっている。

<第10章>地域活性化に取り組む島根県海士町の産業振興を事例に，この町はなにを目指し，地域内でなにが起こり，どのようにしてアントレプレナーシップ（entrepreneurship）が育まれたのかについて政策的観点から検証し，地方都市における新たな産業基盤づくりに向けた自治体政策のあり方について考察している。考察の結果，地元の方は「危機感」により，移住者は「期待感」により，起業を目指すことを可能とする雰囲気と環境が整備されているから，高いアントレプレナーシップが地域に内在していることが示された。また，地方都市における自治体政策についての示唆として，一つ目は選択と集中による未来への政策的投資であること，二つ目は，政策の内製化に取り組まれていること，三つ目に，総合的な産業政策が実施されていることを示した。町には，多くの移住者がおり，定住促進を行っているが，最大の問題は，働く場，産業の育成・発展である。魅力化プロジェクトの実施により，「自分のま

13

ちを元気にする新しい仕事をつくりに帰りたい」といった地域アントレプレナーシップを持った若者の育成にも取り組み，人のスパイラルイメージとして，「若者定住→継承者育成→産業雇用創出→地域活力向上→若者定住」を目指しているのである。

　＜第11章＞これまであまりITが活用されて来なかった領域に，IT技術を活用するクロステックが注目されている。本章では，クロステックのひとつで，"市民がITを活用して自ら地域課題を解決するシビックテック"に注目している。シビックテックは，アメリカから始まり，2010年代に世界で大きく広がった新しい動きであり，本章ではシビックテックの代表的な活動であるCode for Japan，Code for Brigadeを事例として取り上げている。

　日本はポスト成長の時代を迎え地域再生（地域活性化，地方創生）が注目されており，そこでは，経済だけでなく，生活の質（Quality of life）が重要となっている。生活の質向上には，コミュニティの活性化が有効である。また，行政，市民が協働する市民参加型社会も重要となる。本章では，シビックテック活動を通じた地域活性化，シビックテック/自治体/企業の協業によるエコシステムやガバメントテックの発展にも大きく寄与する可能性について示している。さらに，コラムにおいて，最新の動きとして，Code for Japanのコロナ禍での活動と，これらの活動が継続されるための共同組合を活用したCode for Kobeの新たな試みについて，それぞれインタビューに基づいて紹介している。

　＜第12章＞日本の人口は2019年までの10年間で107万人減少したが，日本に中長期間にわたり居住する在留外国人は70万人増加した。これには，母国を離れて日本で暮らすことに価値を見出す外国人が一定数いることを示す。オーストラリアのメルボルンでは，国際教育産業が地域における主要な輸出産業であり，大学を卒業した留学生がそのまま国際移民として地域に留まり専門職に就くことで地域人材の厚みを増し，経済発展の原動力となっている。別府市のような日本の地方都市においても，地域において多文化共生と能力開発支援政策を推進することで，留学生が活躍できる場を創出し地場産業が発展させようとしている。これまでの多文化共生政策は，言語の問題があり就労面で不

利とされる外国人への生活支援など福祉的な意味を持つと考えられてきた。しかし，外国人の存在が日本の労働力不足を補うことだけを目的とするものではなく，外国人の持つ価値観，経験，ネットワークを活用して地域の活性化に結びつける，多様性を元に地域の活性化を図る材料ととらえることが求められる。それぞれの地域において国籍を問わず人々の能力開発を行う多文化共生の政策がこれからもいっそう求められる。

　本書は，一般の学生や大学院生のみならず，地域活性化に興味関心を持つ方々，また地域振興に携わる政策実務担当者，さらには一般市民などに広く読まれ，地域政策に対する理解の深化にも貢献したいと考えている。

　また，各章で扱う題材に基づいたトピックスを「コラム」にて掲載するとともに，学んだことを考える場として「ディスカッション」も設定している。

　特に，本書を通じて，「地域」のあり様に興味を持ってもらい，地域活性化の重要性とその面白さを理解するとともに，将来の実践者として挑戦してくれることを期待している。

　最後に日本計画行政学会，日本地方自治研究学会にて共に研鑽している執筆者各位のご協力に深く感謝したい。また，出版情勢の厳しい折，本書の出版を引き受けていただいた同友館ならびに編集をご担当いただいた佐藤文彦氏に厚くお礼申し上げる。

【参考文献】
川勝健志（2016）「アメリカの新連邦公共交通補助制度と持続可能な都市交通経営」『京都府立大学学術報告（公共政策）』第8号
畢滔滔（2017）『なんの変哲もない 取り立てて魅力もない地方都市 それがポートランドだった 「みんなが住みたい町」をつくった市民の選択』白桃書房
吹田良平（2015）『GREEN Neighborhood』織研新聞社
保坂展人（2018）『<暮らしやすさ>の都市戦略―ポートランドと世田谷をつなぐ』岩波書店

村木美貴・大工原健太・春田文諒・山崎満広（2018）『平成29年度札幌市受託研究報告書』

山崎満広（2016）『ポートランド 世界で一番住みたい街をつくる』学芸出版社

梅村　仁

第1部
地域活性化と
まちづくり

第1章
地域活性化とは

❶ はじめに

　本書のテーマとして掲げられている「地域活性化」という言葉を，今や知らないと言う人はいないだろう。それほど私たちは，地域活性化という言葉を頻繁に目にしている。こうしたことは，三大都市圏（首都圏，中京圏，近畿圏）以外に住んでいる人であれば，なおさら痛感するところではないだろうか。さらに最近では，三大都市圏における一部の地域や商店街などでも活性化の声を聞く。いや，それどころか「東京一極集中」という言葉が使われ始めているように，東京以外の都市圏においてさえ活性化が課題となっている。

　地域活性化が，これまで長く言われ続けてきたにもかかわらず，今もこうして話題になるのは，端的には，未だに地域が活性化していないと多くの人が考えているからだと言えよう。これまで既に，地域活性化のために様々な地域で，様々なアイデアが考え出され，様々な取り組みが行われ，様々な政策や支援策が施行され，様々なかたちで多くの人々がかかわってきたはずである。その結果，何も起こらなかったとか，何も変わらなかったということは決してないはずであるが，それにもかかわらず相変わらず地域活性化が叫ばれ続けているのは，どういうことなのだろうか。一体，何が求められているのだろうか。

　こう考えると，これだけ頻繁に使われている地域活性化という言葉の意味していることが，どこか掴みどころのない，得体の知れないもののように思えてくる。本書のテーマは地域活性化である。それにもかかわらず，キーワードの意味がこのように曖昧なままでは議論が混乱し，道筋が見えにくくなってしまうだろう。そこで本章では，原点に立ち返って地域活性化とは何であるのかを検討し，それを明らかにした上で，次章からの道標を示しておきたいと考えて

いる。

❷ 地域活性化について

　地域活性化という言葉は，「地域」と「活性化」の複合語である。地域とは，地理的な意味で全体に対する部分のことなので，ここで言うところの地域は，何らかの基準で区分された，国家の中の地理的な一部分を指す言葉であると考えておくことにしよう。一方，活性化はそもそも化学用語である「活性」が，「化」という接尾語を伴った言葉であり，本来は分子や原子が他の分子や原子に衝突してエネルギーが高まり，化学反応が活発な状態になることを指す言葉である。このイメージが，やがて化学以外の分野にも転用されるようになり，沈滞していた機能が活発に働くようになることを活性化と呼ぶようになったものと考えられる。

　つまり当初，地域活性化という言葉に込められていたのは，沈滞化した地域の活力を再び取り戻すという意味であったはずである。こうした意味で，活性化という言葉が使われるようになったのは1970年代半ばであり，さらに。それが地域活性化という複合語として使われるようになったのは，1980年代前半からだとされている（小川 2013）。

(1) 経済面の活性化

　では，ここで当時の時代背景を簡単に振り返ってみよう。1945年に終戦を迎えたわが国は，第二次世界大戦によって国富の四分の一を失うほどの深刻な打撃を受け，戦後経済は出口の見えない混迷の中にあった。しかし，1950年に勃発した朝鮮戦争に際して，地理的に朝鮮半島の近隣に位置しているわが国は物資供給の基地と目され，予想外の需要が舞い込む事態となった。この朝鮮特需が引き金となって，わが国経済に未曽有の好景気が訪れ，1955年からは高度経済成長期と呼ばれる長期の経済成長時代に突入した。二けた成長という言葉に象徴されるように，この期間わが国経済は実質経済成長率が年平均で

10％を上回る成長を続け，1968年には国民総生産（GNP）が資本主義国の中で，アメリカに次ぎ世界第2位となるほどの目覚ましい発展を遂げたのである。

　実は，この間，1964年に開催された東京オリンピックによる好景気の反動によって，翌1965年には昭和40年不況と呼ばれる深刻な不況に見舞われる。しかし，当時の田中角栄大蔵大臣（今の財務大臣）の決断の下，日本銀行による民間企業への特別融資という異例の金融政策により，この不況を短期間に切り抜け，その後，史上最長と言われた「いざなぎ景気」を迎えたという経緯があった。まさに，失速しかけた経済を再び軌道に乗せるという，活性化の原形をここにみることができる。

　しかし，長きにわたった高度経済成長期も，1973年に勃発した第四次中東戦争の際に，石油輸出国が石油の輸出制限を行ったことで引き起こされた第一次オイル・ショックを機に，終止符が打たれることになる。原油価格が，一気に4倍近くに引き上げられるような非常事態によって，世界経済が大きな打撃を受ける中，わが国経済も戦後初となるマイナス成長に陥ったのである。こうして，わが国の高度経済成長期は幕を閉じるわけであるが，20年近く続いた高度経済成長によって多くの国民の中に「成長神話」と呼ばれる，経済は成長し続けるのが当たり前だという意識が定着したものと考えられる。まさに，この高度経済成長期終焉の景気停滞のタイミングで使われ始めたのが，「活性化」という言葉だったのである。

　さらに，1979年にはイラン革命をきっかけにした再度の石油輸出制限によって，第二次オイル・ショックが引き起こされ，世界は同時不況と呼ばれる深刻な事態に陥いる。しかし，第一次オイル・ショック以降，原油依存体質からの脱却を図ってきたわが国は，欧米諸国への電子機器や自動車などの輸出によってそれを乗り越え，実質経済成長率3〜5％の安定成長期の時代を迎える。だが，やがてそれが対日貿易摩擦問題の火種となり，特に貿易赤字と財政赤字という双子の赤字を抱えていたアメリカの要請により，1985年に先進5か国蔵相・中央銀行総裁会議で，ドル高是正のためのプラザ合意がなされることになる。これによって一気に円高が進み，わが国経済は円高不況に陥ってしまった

のである。こうして高度成長期，安定成長期と長期間続いてきた，わが国の右肩上がりの経済成長の時代は幕を閉じることとなった。この時期に，「地域活性化」という言葉が使われ始めるようになり，それ以降，頻繁に用いられてきたのである。

　以後のわが国経済は，この深刻な円高不況に対応するため内需主導型経済への転換が図られ，大幅な金融緩和や公共投資の拡大が行われた。それによって経済バブルが発生し，わが国経済は一時的なバブル景気に酔いしれたものの，行き過ぎたバブル経済の崩壊の影響は甚大で，その後の長期的な不況ののち，超低成長の時代に突入したことは周知の通りである。こうして考えると，地域活性化という言葉には，基本的に沈滞した地域経済に再度，成長期の勢いを取り戻そうという意図が含まれていたことは間違いないだろう。また当時は，内需主導型経済のもと，内需拡大策として地域に需要を作り出すという意味もあったものと考えられる。

　いずれにしても，本来の地域活性化という言葉は，地域の経済面における活性化が前提とされていたのであり，今もこうした意味で活性化という言葉が使われている場合が多い。そこで，これを「地域の経済的活性化」と呼ぶことにしよう。しかし，プラザ合意以降，頻繁に使われているうちに，地域活性化という言葉は新しい意味合いを帯びてくるようになるのである。

(2) 社会面の活性化

　例えば，商店街の活性化という表現を聞いた時，以下のような二つのイメージが思い浮かぶのではないだろうか。一つは，商店街にある商店の商売が繁盛しているという，まさに経済的活性化のイメージである。それに対して，もう一つは多くの人が行き交って商店街が賑わい，活気に満ちているイメージではあるまいか。通常，商店街を多くの人が行き交えば，商店街にある商店の売上も増える可能性が高まると考えられるので，商店街の活性化には，この双方の意味合いに大きな矛盾は感じない。

　一方，最近では，地域コミュニティの活性化というような表現が使われるこ

とも珍しくないが，この場合には，どのようなイメージが浮かぶだろうか。恐らく，地域の住民が一緒になって楽しんだり，賑わったりしながら交流しているイメージではないだろうか。具体的には，地域の祭りや運動会などのイベント，子供会や老人会の活動などが盛り上がっている様子ではなかろうか。こうした場合，考えてみれば，基本的に経済的な活性化が意図されているわけではないことに気付く。逆に，経済的な面だけを見れば，持ち出しになる場合さえあるかもしれない。しかし，こういったケースにおいても地域活性化という言葉は，実によく使われているのである。つまり，経済面ではなく地域社会の状態や住民同士の関係が活発になることについても，地域活性化という言葉が頻用されている。そこで，これを「地域の社会的活性化」と呼ぶことにしよう。

(3) 地域活性化の多義化

　このように考えると，地域活性化という言葉は，大きく分けて地域の経済的活性化と社会的活性化の二つの意味で使われていることがわかる。つまり，地域経済の発展や雇用の拡大，商店街の繁栄などの経済的な効果を意図した地域活性化と，住民生活の質の向上・維持，地域コミュニティの形成・拡大もしくは維持，地域文化の承継・保護などの社会的な効果を意図した地域活性化が混在しているのである。さらに，それぞれにおいて様々な場面や多くの意味合いで使われていることを考えれば，地域活性化という言葉がいかに多義的に使われているか理解できるだろう。だが，それによって地域活性化の意味に曖昧さが生じ，混乱を招く要因となってしまっているという側面がある。

　例えば，地域活性化の目的が当初のように経済的効果にあると考えている人は，社会的活性化について，単に多くの人が集まったり賑わったりするだけでいいのかと疑問を持ち，それに多額の金銭が費やされることになると反感さえ抱くだろう。一方，地域活性化の目的が社会的効果にあると考えている人は，経済的活性化について，何もかも費用対効果のように金銭的な尺度で測ろうとしたり，数量的なデータだけで評価しようとしたりすることに嫌悪感を抱くのである。

　そもそも活性化という言葉は，ポジティブなイメージを持つ言葉である。しかし，裏を返せば，それだけに否定しにくいという面を持っている。つまり，活性化というポジティブな言葉が付されると，それを否定したり，反対したりすることが難しくなる。なぜなら，活性化という言葉が掲げられていることに反対すること自体が，ネガティブなイメージを帯びることになるからである。もし，それに反対した場合，「あなたは地域活性化に反対するのか?」，「このまま地域が沈滞してもいいのか?」，「地域が活性化しなくてもいいのか?」などという反論を受けると，それに対する抗弁が難しくなる。こうして地域活性化の対象の範囲は次から次へと広がり，内容はますます多義化していくのである。

(4) 地方創生について

　2014年の「まち・ひと・しごと創生法」の成立とともに使われ始めた言葉に「地方創生」がある。この法律の成立によって内閣に設置された「まち・ひと・しごと創生本部」の業務を確かめてみると，これまでの地域活性化に関する政策を一つの本部に集約し，管轄するような体制となっている。当初は，これまでの地域活性化の施策を選択と集中によって整理し，これまでとは異なったスタンスで政策設計に取り組む意図を示すために，地方創生という新しい言葉が掲げられたものと考えられる。

　地方創生は「地方」と「創生」から成る造語である。これを地域活性化と比較すると，まず地域と地方は，ほぼ同じ意味合いで使われていると考えられる。しかし，地域という言葉にはないニュアンスとして，地方には中央の対語としての意味がある。つまり，この時点で地方という言葉が選ばれた背景には，先に挙げた東京一極集中への懸念の浮上があり，それを解消する目的で，中央（東京）に対するエリアを指す意味を強調するため，地域ではなく，地方という言葉が選ばれたのではないかと考えられる。このように地方という言葉は，地域という言葉以上に行政区としてのエリアが強調された，行政主導の色合いが強い表現だと言うことができよう。

　一方，創生という言葉を文字通りに解釈すれば，創り出す，生み出すという

23

意味である。それ故に，創生はこれまでの活性化という言葉が本質的に持っていた，沈滞した状態を活発な状態に変化させるという意味合いを払拭し，新しく地方の形を作り上げていくという意図が込められたネーミングであったものと考えられる。しかし，実質的には，これまで同様の中央主導型の地域政策が踏襲されている観は払拭し難い。

❸ 地方活性化の背景

（1）人口動態

① 人口減少の問題

　図表1-1に示した，わが国の人口推移のグラフをみると，既に総人口が減少傾向に転じ始めていることがわかる。さらに今後は，減少の勢いが増し，急激に人口が減っていくものと予測されている。また，その傾向は特に地方において強まると考えられているため，地方に暮らす人たちの危機感や不安が高まっている。これまでも政府は人口減少を食い止めようと，あれこれ政策を施してきているが，一向に人口減少問題が改善されている兆しが見えないというのが現状である。こうした実情を冷静に考えると，人口問題に関して言えることは，人口はそれほど人為的に増やしたり減らしたりできるものではないということであり，それをしっかりと認識した上で，対策を考えていかなければならないということである。

② 高齢化の問題

　さらに，このグラフから，総人口が減少傾向に入っているにもかかわらず，老年人口は引き続き増加傾向にあることがわかる。今後も，しばらく増加傾向は続き，予測では2040年頃にピークアウトすると考えられている。これによって，総人口に対する老年人口の割合である老齢化率も，ここのところ上昇傾向が加速している。直近の統計数値（2018年現在）によって算出した老齢化率は28.1％であるが，今後さらに上昇した後，2045年になって横ばいに転

図表1-1　わが国の人口推移と将来予測（1950年～2065年）

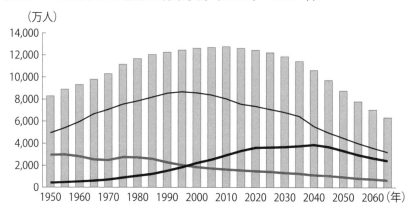

（万人）

■■■ 総人口
━━━ 0～14歳（年少人口）　　━━ 15～64（生産年齢人口）　　━━ 65歳以上（老年人口）

出所：総務省統計局「日本の統計2020」を参考に作成（2020年以降は予測値）。

じ，その後は38％程度で推移すると予測されている。

　また，生産年齢人口を老年人口で除して求めた倍率から，現在，老齢者1人を2.1人の生産年齢者が支えているという言い方ができる。この倍率を，予測数値によって算出すると，その値は今後低下し続け，2050年に生産年齢者1.3人が老齢者1人を支える水準になったところで，横ばいに転じることになる。しかし，生産年齢人口の区分は15歳以上64歳以下とされているものの，高校への進学率が98％，大学および専門学校等への進学率が70％という現状を考えた場合，実際の生産年齢人口はもっと少ないはずであり，現実はこれよりもより低い倍率になるものと考えられる。

③　少子化の問題

　もう一つ，グラフをみてわかるのは少なくとも1950年以降，基本的に少子化傾向が続いているという事実である。途中，年少者人口が若干の増加に転じた時期が確認されるが，これは第二次ベビーブーマー世代の人たちが誕生した

例外の時期であり，それを除くと，基本的に年少者人口は減少傾向が続いてきたことがわかる。つまり，少子化傾向は今に始まったことではないということである。最近では，晩婚化および晩産化に加えて，男女ともに未婚化の傾向が強まっており，このことが少子化の主因のように目されている。確かに，それが少子化に影響を与えていることは否定し難いが，これまでも着々と少子化が進んでいたことを冷静に考え合わせると，それだけが少子化問題の原因だとは到底考えられないのである。

　人がこの世に生を受けるということは，そのような単純なものではなく，少子化の原因は複合的であり，様々な要因が絡み合っているものと言えよう。それ故に，それほど単純に解決できる問題ではないということである。例えば，自由主義の世の中において，結婚するかどうか，子供を儲けるかどうかなどの判断は個人の自由意思に委ねられているのであり，そもそも，これまでの家族制度や結婚制度自体が大きく揺らぎつつある昨今において，結婚して子供を儲けるという単純な構図だけで，少子化問題に対処しようとすることには明らかに限界があると言えるのである。

④ 人口減少を前提とした地域活性化

　わが国の人口動態をみて断言できるのは，地域活性化を考える際には，今後の総人口の減少，高齢化，少子化が不可避の事実であることを謙虚に自覚しなければならないということである。つまり，あくまでも，それらを所与の制約条件として，その上で地域が活性化するとはどういうことなのかを考えていく必要があるということなのである。

(2) 経済成長の鈍化

　図表1-2は，わが国の国内総生産（GDP）と経済成長率の推移を表したグラフである。過去25年間の国内総生産は，およそ500～550兆円の規模で推移しており，この間の平均経済成長率は0.37％とわずかにプラスになっている。前述のように，わが国のGDPの規模は1968年にアメリカに次いで世界第2位

26

図表1-2　国内総生産と経済成長率の推移

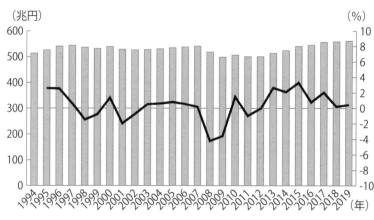

出所：内閣府『2019年度国民経済計算』を参考に作成。

となって以来，その地位を維持してきたが，2010年には，42年ぶりに2位の座を失い，中国に譲り渡すこととなった。しかし，それ以降は世界3位の座を保持した状態が続いている。つまり，わが国の現在の国内総生産は，ドイツやイギリス，フランスなどのヨーロッパ先進諸国を始め，他の国々よりも高い水準にあるということは認識しておくべきだろう。

　さらに，図表1-3をみると，高齢化が進む中でも国民一人当たりのGDPの水準は下がることなく微増傾向にさえあると言える。生産者人口が減少していることに加えて，最近では，休暇制度の拡充や労働時間短縮の傾向が浸透している中で，生産人口一人当たりのGDPが上昇傾向を示していることは特筆すべきことであろう。これは，わが国の生産性が高まっているということを示唆しており，平均的に見る限り，わが国の経済力の実体をそれほど悲観的に考える必要はないと言える。強いて，現在における問題を挙げるとするならば，それは生産面の問題というよりも，分配面における格差の拡大に問題があるのではないかと指摘しておきたい。

　今，最も多くの人の不安を煽っているのは，経済成長が止まってしまうので

図表1-3　一人当たりGDPの推移

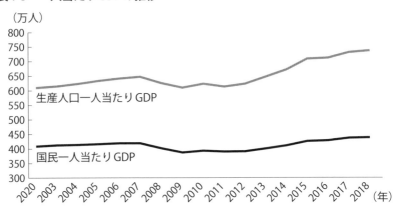

出所：内閣府『国民経済計算』および総務省統計局『日本の統計』を参考に作成。

はないかという恐れである。経済成長が止まるということは，具体的には経済
成長率がゼロまたはマイナスになるということである。さらに，経済成長率と
はGDPの前年度比のことであるので，当該年のGDPが前年の数値以下になる
と経済成長は止まることになる。つまり今，恐れられているのは，今後の人口
減少によって生産年齢人口が減少し，GDPが縮小するのではないかという懸
念であろう。しかし，人口が減少するということは，GDPを分配する人口も
減少することでもあるので，論理的には，万一マイナスになったとしても今後
の人口減少幅よりもGDPのマイナス幅が小さければ，GDPが縮小することに
大きな支障はないと考えることができる。もし，単純に経済成長が止まった
り，マイナスになったりすることだけを恐れているのだとすれば，それは成長
神話の後遺症だと言えるのではないだろうか。

(3) 財政状態の悪化

　次に挙げなければならないのが，財政問題である。図表1-4は，令和2年
（2020年）度一般会計予算における当初の歳出予算の内訳である。令和2年度
の予算規模は過去最大規模となる総額102兆6,580億円であったが，歳出の内

図表1-4　令和2年度一般会計歳出予算（当初）

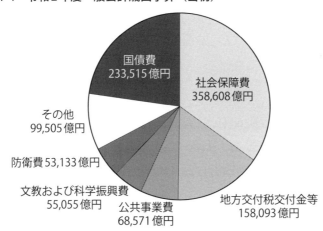

国債費
233,515億円

社会保障費
358,608億円

その他
99,505億円

防衛費53,133億円

文教および科学振興費
55,055億円

公共事業費
68,571億円

地方交付税交付金等
158,093億円

出所：財務省ホームページの資料より作成。

　訳をみると，まず社会保障費の占める割合が34.9％と突出していることがわかる。さらに，その内訳は年金35％，医療34％，介護9％，少子化対策9％，社会福祉費その他が残り13％といった割合であることから，ここでも高齢化の影響が如実に現れていることがわかる。

　もう一つ特徴的なのは，22.7％を占める国債費である。つまり，わが国の財政は，これまでに多額の赤字国債を発行し続けてきた影響で，一般会計における歳出のおよそ4分の1弱が債務の償還および利払いに充てられており，深刻な硬直化が進んでいる状況にある。さらに，同年度の歳入予算における国債依存度は31.7％となっており，いわゆる借金を返すために借金をしているというだけに止まらず，さらに借り入れが増加しているという状態にある。今後もこうした状態が続けば，なお一層の財政悪化が懸念されるところである。

　既に，わが国の財政は，国債残高が898兆円積み上がっているのに加えて，地方債務の残高が192兆円あり，2019年度末において合計1,117兆円の膨大な債務残高を抱えているというのが現状である。これは，毎年度のように過去最高規模を更新している最近の国家予算のおよそ11年分の額であり，またGDP

比で約200％という前代未聞の債務残高なのである。

　もし，地域活性化を，単純に国や自治体からの援助や補助金頼みだと考えている人がいるならば，ぜひ，しっかりとわが国の財政事情を直視してもらいたいものである。

❹ 地域活性化のために

　さて，ここで改めて考えてみよう。地域活性化とは，いったい何なのだろうか。何がどうなれば，地域が活性化したことになるのだろうか。

　まず，何よりも，こうしたことを深く考えたことがない人が多いのではないかと思われる。私たちは，政府が地域活性化のために定住人口を増やそうと言えば，それを増やすことが活性化だと考えてしまいがちだし，外国人観光客を増やそうと言えば，それを増加させることが活性化だと考えてしまいがちである。しかし，定住人口が増えたり，外国人観光客が増加したりすること自体が，地域活性化の目的でないことは明らかであろう。定住人口が増えることで，また外国人観光客が増加することでもたらされる効果や結果が本当の目的なのである。また，地域活性化のために盆踊り大会を復活させようとか，商店街で夜店を開こうと言われれば，盆踊り大会を開催したり，夜店を開いたりすることが活性化だと考えがちであるが，これも，やはりそれらを開くこと自体が地域活性化の目的なのではなく，盆踊り大会や夜店を開催することによってもたらされる効果や結果が本当の目的なのである。では，その目的とは何なのだろうか。

　つまり，地域活性化とは何かと問われたならば，まず，その目的を明らかにした上で，それを実現するための方策を考え，実行することだということになる。また，地域活性化とは何がどうなることなのかと問われれば，真の目的が実現されることだということになる。しかし現実には，この点が見誤られていることが多い。つまり，本当の目的について深く考えられることなく，本来的には手段であるはずの定住人口や外国人観光客を増やすことや，盆踊り大会や

夜店を開催すること自体が目的となってしまっているようなケースが多々見受けられるのである。

　今後，人口減少が進めば，地域活性化の担い手の数はますます限られてくるだろう。また，財政状況が逼迫する中，財政支出も切り詰めていかざるを得なくなるだろう。そうなれば，地域活性化という掛け声だけで，これまでのようにあれもこれもと手を広げるわけにはいかなくなることは明らかである。その中で今後，地域活性化を進めていくためには，まず，自らの住む地域が活性化するということはどういうことなのかをしっかり考え抜いた上で，できることとできないことを峻別しなければならない。さらに，できることの中から的を絞り込み，優先順位を考えた上で，その実現のためのアイデアを案出し，地域の多くの人が協力し関わり合って実践していくことが重要になるのである。

❺ おわりに

　それぞれに異なる地域の活性化が，どれもこれも同じものになるはずがないのは自明である。それぞれの地域には，それぞれで培われてきた伝統や歴史，気候や風土，文化や産業がある。また，それぞれに特長がある反面，それぞれに課題を抱えている。地域活性化とは，こうしたそれぞれの地域が，それぞれの特長を活かし，それぞれの課題を克服していくことである。

　本章の終わりに際して，一つ提案したいことがある。地域活性化を考えるために一旦，活性化という言葉から離れてもらいたい。そして，「地域を活性化しよう」に替えて，「地域をいい地域にしよう」と考えてみて欲しい。そうすると，必ず「いい地域」とはどういう地域なのかということを問わなければならなくなる。その上で，あなたの住んでいる地域が，その「いい地域」になるためには，何をどうしなければならないのかということを考えていく必要がある。実は，こうして浮かび上がってくる「いい地域」のイメージが，まさにあなたの地域における地域活性化が目指す目標なのである。そして，あくまでも現実的な制約を踏まえた上で，少しでも「いい地域」に近づくための実践が地

図表1-5　地域活性化を考え，実践するために

> **ステップ1**
> 自分たちの地域を「いい地域」にしようと決める。

> **ステップ2**
> 「いい地域」とは，どういう地域なのか真剣に考える。
> ＊その具体的なイメージが，「地域活性化」の目標となる。

> **ステップ3**
> 「いい地域」づくりのために活用できる地域資源を探す。
> ＊「ないものはない」と制約をしっかり受け入れながらも，
> 「あるもの」をフル活用して，できることにチャレンジする

> **ステップ4**
> 「いい地域」づくりに向けて，地道に実践を続けていく。

域活性化だと言えるのである。

　次章からは，国内外の地域活性化策に関する事例が紹介され，その要点が解説される。それぞれの事例の視点や取り組みの内容は様々である。それは，それぞれの地域が目指す「いい地域」の姿や，地域の持つ資源や制約が異なるからである。これらの事例には，地域活性化のためのたくさんのヒントが埋もれている。必ず，あなたの地域の活性化のために活かすことのできる重要なヒントが見出せるはずである。

ディスカッション

1. あなたの住んでいる町や，あなたの故郷を「いい地域」にしようと考えた場合，それはどのような地域だろうか。
2. そのためには，何をどうすればいいのだろうか。そして，それについてあなたは何ができるだろうか。

【参考文献】

小川長（2013）「地域活性化とは何か」『地方自治研究』28-1

増田寛也（2014）『地方消滅』中公新書

小川　長

地方消滅

　2014年に発行された元総務大臣，増田寛也氏の著書『地方消滅』は，その刺激的なタイトルとともに，「消滅可能性都市」という衝撃的な表現で全国896市町村名を具体的に列挙したことへの反響も手伝い，当時大きな物議を醸した。

　その主張は，人口減少は待ったなしの「不都合な真実」であるので，国民は正確かつ冷静に認識しなければならない。これまで若者が地方から，子育て環境が悪く超低出生率となっている東京などの大都市圏へ移動し続けた結果，日本は人口減少社会に突入したというのである。人口流入により大都市圏という限られた地域に人々が凝集してしまい，高密度の中で生活する社会が形成される。それを「極点社会」と名付ける一方，逆に「消滅可能性都市」と名付けられた「2010年から2040年までの間に，20〜39歳の女性人口が5割以下に減少する市町村」は，全国で896自治体（全市町村数の49.8％）にのぼると推計される。さらに，その消滅可能性都市のうち，2040年時点で人口が1万人を切ると予想される市町村数が，523自治体（全市町村数の29.1％）になるとして，名指しされた自治体を中心に大きなショックを与えた。

　こうした人口移動をくい止めるには，「若者に魅力のある地方中核都市」を軸とした「新たな集積構造」の構築を国家戦略としなければならない。その方策として，広域ブロック単位の地方中核都市を「防衛・反転線」として据え，そこに資源や政策を集中的に投入して地域の拠点とする。そして，それに接する各地域の生活経済圏が結び付き，支え合う「有機的な集積体」の構築を目指すべきだとしている。

　既に，これまでのように中央主導で全国津々浦々まで均等な経済政策を施すことは困難なので，ターゲットを絞り込むというのは一つの有力な案であろう。しかし，その具体的な方法として，「コンパクトシティ」や，若者や中高年を呼び込む支援策などを挙げ，そこに「各府省の補助金，融資を優先的に配分したり，地方財政措置により安定的な財源を付与することが考えられる」と主張されてい

るのをみると，結局，中央主導で描かれた青写真に基づく，地方への「バラマキ政策」と揶揄されてきたこれまでの政策と，あまり代わり映えのしない提言だったとも言える。

　それ故か，当時あれほど全国が騒めき立ったにもかかわらず，今はもう地方消滅や消滅可能性都市といった言葉を耳にすることも少なくなっている。実は，それ以降も地方の人口は減少し続けており，逆に東京都の人口は漸増しているのである。結局は，人口が減少するということを冷静に「真実」と認識し，その中で，いかに持続可能な地域づくりをしていくかを考えなければならない段階に，既になっているということなのである。

❶ はじめに―インフラ劣化というリスク

　日本の社会において，今後，軽視できない社会的リスクが道路や橋といった地域のインフラストラクチャー（社会資本）の劣化である。人々の生命や財産を守り快適な生活を確保するためには，これらインフラの整備が不可欠である。1960年代の日本の高度成長期には工業が発展して人口が増加し，人々が都市に集まることに伴い，河川，港湾，公営住宅や上下水道の整備が進められた。しかし，今日，日本の人口は減少傾向にあり，これまでの人口を前提として整備されてきたインフラの必要性が変化するとともに，高度成長期に建設された施設の老朽化が進んでいて，その維持管理や改築更新（リニューアル）の費用が増加している。これらの施設について十分なメンテナンスを行わなければ，橋やトンネルが崩落したり，道路の陥没，水道管の破裂といった事故を招く可能性が高まる。

図表2-1　建設後50年以上経過するインフラの割合

インフラの種類		2018年3月	2023年3月	2033年3月
道路橋	：橋長2m以上の橋約73万橋	約25%	約39%	約63%
トンネル	：約1万1千本	約20%	約27%	約42%
河川管理施設	：水門約1万施設	約32%	約42%	約62%
下水道管きょ	：総延長約47万km	約4%	約8%	約21%
港湾岩壁	：約5千施設　水深−4.5以深	約17%	約32%	約58%

出所：国土交通省「社会資本の老朽化の現状と将来予測」。
　　　https://www.mlit.go.jp/sogoseisaku/maintenance/02research/02_01.html

　法律によって定められた耐用年数とされる建設後50年を経過したインフラ

の割合は，今後20年で加速度的に高くなる。2033年には，全国の長さが2メートル以上の道路橋の約63％，トンネルの約42％，河川水門の約62％，下水道管きょの約21％，港湾岩壁の約58％が，建設後50年を超えることになる。これらの維持管理や更新のための必要経費は年々増加し，今後30年間で毎年5から7兆円，総額で180から190兆円が必要と算定されており，今後，これまでよりも少ない人々で負担していく必要がある。

　今後の持続可能な地域の発展を確保するためにも，地域のインフラをどのようにして管理するかが課題となる。本章では，このような地域インフラのなかでも，特に人間の生活にとって必要不可欠な水を供給する水道と，家庭や仕事場などで利用した水（汚水）や雨水を処理して衛生的で安全な環境を保つ上下水道事業に注目して，今後のインフラ管理のあり方を考えていく。

❷ 上下水道の機能と整備の歴史

（1）上下水道の機能

　本節では上下水道が社会において果たす役割と，その整備の歴史を確認する。水道事業は，各家庭や工場等に生活用水や工業用水を配水するサービスである。その機能は，日常生活における清潔な生活用水の確保による公衆衛生の維持，豊富な水の供給による産業活動の維持発展である。次に下水道事業は，生活排水や雨水などを下水道管により終末処理場に集め，ある一定のレベルまで浄化したのち，河川等に放流するサービスである。その機能としては生活環境の改善（汚水の排除），浸水の防除（雨水の排除），公共用水域の水質保全の3つがある。第1の生活環境の改善については，人間の生活や生産活動に伴って生ずる汚水が速やかに排除されず，生活空間内に滞留すると，悪臭や蚊・蠅の発生源となり，伝染病が流行する可能性が高まる。下水道の整備により汚水は速やかに排除され，周辺環境が改善される。第2の浸水の防除については，激しい降雨が続くと排水の悪い地域では土地や家屋が浸水し，人々の財産に損害をもたらし，生命を危うくさせることがある。雨水を速やかに排除し浸水の

防除を行うことは，地域における快適な生活を確保する上で不可欠である。第3に公共用水域の水質保全については，河川や湾など生活排水が流入する水域の水質保全は，快適な生活環境を確保する上で重要な要素となっている。排水を管きょで終末処理場に集め処理することで，公共用水域の水質保全に下水道は積極的な役割を果たしている。

(2) 上下水道の歴史

　文明が進歩し，都市化が進むにつれて，たくさんの人々が狭い空間に居住するようになると，その人々に衛生的な水を供給し，汚水を排水することが都市整備における最も基本的なニーズとなる。そこで，古代から上下水道は地域において基本的なインフラであり，政府の公共事業として上下水道が敷設されてきた。

　井戸まで水を汲みに行かなくても，蛇口をひねるだけで水が得られることには明らかな便益が存在するから，水道は特に初期においてビジネスチャンスを求める民間の企業家たちによって事業化された。一方，下水道は，居住する家屋から排水された汚水の処理コストを個人に課すことには限界があり，より公共性が高いといえることから，政府によって担われてきた。工業化の発展は水質を汚染させ，近隣の河川が黒くにごり汚物が浮かび，魚に奇形が生じたり異臭の発生をもたらす。そこで汚水を処理し清浄な水に再生するという下水道の「水質保全機能」が注目されることになった。

　このように上下水道は地域において必要不可欠なインフラであり，特に近代になるにつれて，都市への人口流入の増大，工業化と衛生状態の悪化による伝染病を予防するため，世界の各都市は様々な形で上下水道を整備する必要があった。日本における上下水道整備は急速に進められ，1956年度の水道普及率は52%であったのが，1999年度には96.4%とほぼ上限に達し，下水道事業は1960年度で6%の普及率が2000年度には63%へと大きく上昇した。

(3) 市町村経営原則と地方公営企業制度

　水道法第6条，下水道法第3条の規定により，上下水道事業は原則として市町村が行うこととなっている。この経緯を歴史的にみると，1887年に横浜で水道が敷設されてから，函館，長崎，東京，大阪，神戸などの開港場で次々と整備されたが，これは外国人との交易が広がる中，近代国家としての日本を外国人にアピールするとともに，コレラなどの伝染病の流行に対処するためであった。政府は1887年に「水道敷設の目的を決定するの件」を閣議決定し，水道敷設の目的は営利主義ではなく公益優先主義によるものとした。1888年に市制町村制が発布されると，水道事業の経営は市町村によって行うことになり（市町村経営原則），1890年に水道条例が制定され，水道は原則として市町村によるものだけが認められることになった。

　下水道は，水道に遅れて整備が進められ，1900年の汚物清掃法と下水道法は，住民に居住地内の汚物を掃除し清潔を保持する義務を課し，下水道の敷設にあたって他者のために土地を使用させるなど，私権を制限しても法の目的を達成させるようにしている。その後，都市計画事業の財源として受益者負担金制度が設けられ，下水道事業を都市計画事業として施行すれば市町村は受益者負担金と都市計画税という2つの財源が得られることになった。

　このように，下水道は公衆衛生の保持という側面が水道よりもより強く，敷設のために私権の制限を行い，計画的な都市建設の一環として市町村により整備することを重視し，公権力をもってでも使用を強制させるという政府の強い姿勢が見られる。また，日本の上下水道事業は，自治体の組織の一部であるが，水道料金あるいは下水道使用料という収入を得て，住民からの税収により費用を補いつつ，民間企業と同様の非権力的なサービスを住民に対して提供するという地方公営企業制度が適用されている。地方公営企業の組織は，自治体の市長や町長ではなく公営企業管理者をトップマネジメントとし，一般行政部門からの独立性を有するもので，企業会計に類似した会計制度を導入して損益計算を明確にしているところに特徴がある。

❸ 地域インフラとしての上下水道事業の課題

　今日の上下水道事業の主たる課題として「老朽化した施設の改築更新」「要求水準の高度化」「収支の悪化」「市民参画・合意形成」の4点がある。

（1）老朽化した施設の改築更新

　第一節でも述べたように，上下水道事業に関わる多くの施設が戦後の高度成長期に建設されており，これから更新期を迎える。上下水道管の劣化は，機能低下による漏水，悪臭の増加や浸水，道路の陥没や耐震性の低下をもたらし，維持管理費も増加する。例えば，山口県下関市では水道管に占める老朽管の割合が2005年には2.9％だったものが，30年後の2035年には77.2％となる見込みである。

　人口が多く集中する大都市でも安心はできない。早くから都市化が進み，その対応として上下水道を整備しているために施設の老朽化が進んでいる。東京都の下水道管の総延長は約16,000kmで東京とオーストラリアのシドニーを往復する距離に相当するが，建設後50年を超えた下水道管の延長はすでに1,500kmに達するとともに，高度経済成長期に集中的に整備した下水道管が今後20年間で新たに6,500km増加し，全体の約半分に急増する。

（2）要求水準の高度化

　人々の環境意識の高まりとともに，周辺環境に対する改善の要求も高まっている。水道事業ではよりおいしく安全な水を求めて，農薬等の化学物質や新たな病原性微生物に対する高度処理が求められている。下水道事業においてもこれまでの処理水準を高めて窒素・リンなどを削減し，最終的に河川に放流されたあとの富栄養化を防止することで清浄な海や湖にする役割が求められている。

　さらに近年では，下水道の雨水を排除するという役割に注目が高まっている。毎年のように強力な台風が日本に接近して大雨をもたらしており，また，

39

図表 2-2　水道老朽管の増加 （山口県下関市）

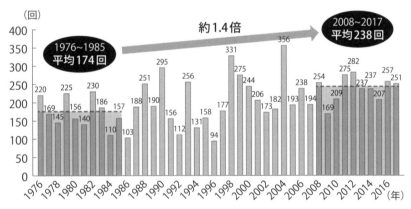

（注） アメダス 1,000 地点あたり
出所：国土交通省「下水道による浸水対策」。
　　　https://www.mlit.go.jp/mizukokudo/sewerage/crd_sewerage_tk_000117.html

40

ゲリラ降雨と呼ばれるような局地的な大雨等が頻発し，全国各地で浸水被害が多発し，住民生活・社会経済活動に影響をきたすなど，雨の降り方が「局地化」，「集中化」，「激甚化」する傾向にある。市街化の進展により道路のアスファルト舗装が増加することで雨水の地面への浸透・貯留能力が減少することにより，都市部の地下街や地下鉄の駅構内などへ雨水が大量流入して多大な損害を与えるような，都市型集中豪雨に対応した下水道の役割が重要視されている。加えて，地震対策としても上下水道施設の耐震性強化，緊急時給水拠点の確保，非常時電源の確保などの措置が必要である。

(3) 事業収支の悪化

　上下水道事業の財源は料金等の収入と借入（借金），自治体や国からの補助金で賄われている。インフラ事業は，当初の施設整備の投資に莫大な費用がかかり，その後の事業効果が数十年と長期にわたる。日本の人口減少と節水意識の高まりにより，水供給から得られる収入は国全体で2000年をピークに減少しており，2065年にはピーク時より約4割減少するとされる。一方で，先に述べたような維持・更新や設備能力の高度化に係る費用を賄うための費用は増加し，上下水道事業の収支は悪化傾向にある。

　平均的な家庭における使用量（20m³/月）の水道料金は全国平均で3,206円であるが，自治体によっては最低853円（兵庫県赤穂市）から6,841円（北海道夕張市）と約8倍の差があるところ，2019年4月には全国37の自治体で水道料金の値上げが承認され，例えば京都府宮津市では9年ぶりに33%，埼玉県熊谷市では19年ぶりに19.5%値上げされた。

(4) 市民参画・合意形成

　水道には「十分な量の安全でおいしい水の供給」，下水道には「生活環境の衛生と浸水対策，公共用水域の水質保全」という目的がある。これらの目的に対して，地域住民がどの程度生活スタイルを変えることができ，費用もどの程度負担できるかという合意形成が重要である。水道水に何をどの程度まで求め

41

るのか，「そのまま飲んでも健康に悪影響のないレベル」か，それとも「飲料用にはペットボトルの水で十分であり，水道水にはそこまでのレベルを求めない」という選択もある。下水道についても，数年あるいは数十年に一回の大雨にどこまで対応すべきか，近隣の河川や湖，湾の水のきれいさをどこまで求めていくか。こうした点について，水質保全のために合成洗剤を使用しない，油を排水溝に流さないといった個々人の普段の生活における取り組みの度合いから，汚水処理能力の高い施設整備に要する費用負担との関係までを検討する必要がある。

　例えば，ある地域において水道が必要であることはほぼ全住民の同意を得られると想定されるが，それが「おいしい水」であるべきかどうかという判断になったときには，個々人によって必要度合いは異なるだろう。水道の水をあまり飲まない住民にとっては，「おいしさ」よりも「安さ」を重視する場合もありうるし，その逆も考えられる。下水道では，水洗便所の必要性には多くの住民の同意が得られるであろうが，近くの川の水のきれいさに対して負担できる金額は，住民によって異なるだろう。

　水道の効用は生活に必要な水が得られることであり，下水道の効用は水洗便所の普及による衛生的な生活というように，上下水道整備により得られるメリットが，かつては利用者にとって明確であった。国から国民に提供することが要請される最低限の公共サービスの程度をナショナルミニマムという。技術の発展と事業費の制約のなかで，「おいしい水」「安全な水」といったより高度な価値や，大雨の際の浸水対策の価値，河川などの公共用水域にきれいな水が流れるような美観や環境保全の価値といった要素について，どれほどの上下水道施設の整備水準（サービスレベル）を追求していくのか，事業主体である自治体と住民（利用者）との合意形成が必要となる。

❹ 地域インフラのマネジメント改革

（1）事業の広域化

　地域インフラとしての上下水道事業の課題を解決する方法について，まず，規模の経済，密度の経済，範囲の経済という観点から考えてみる。規模の経済とは，生産量や生産規模を高めることで単位当たりのコストが低減されることであり，例えばすでに水道が普及している地域で，新たに人口が増加してもそれほどの追加投資は必要なく，1人の利用者あたりではより安いコストでサービスを供給することができることをいう。パソコンのソフトウェアは最初の開発に多額の費用がかかるが，いったん普及したならば追加利用者1人にかかる費用はほとんどない。

　次に密度の経済とは，人口密度の高い場所でのビジネスが低コストで行えることであり，例えば，ある一定の広さに水道管ネットワークを整備したとき，より多くの人が居住して水道を利用する場合のほうが，施設を効率的に利用することができることをいう。コンビニといった小売店舗でも店舗周辺の徒歩圏の人口密度が高いほうが1店舗あたりの収益性は高いだろう。

　最後に範囲の経済とは，事業を多角化することで効率化することであり，例えば，水道と下水道の事業を統合することで，問合せ窓口や維持管理の人員を共通して活用することによる効率化が可能となる場合がある。その他，駐車場運営会社がレンタカー事業を行ったり，コンビニの銀行業への参入といった多角化がある。

　上下水道事業については，事業体がサービスを供給する地域に人口が多く，密集して居住しているほど安い費用でサービスを供給することができるという，規模の経済と密度の経済が一般的に存在し，特に比較的小規模の事業体において，規模の経済効果が大きく存在していることから，これらの事業体を一定規模以上にすることで事業運営にかかるコストを削減できることがわかっている。

　上下水道事業の広域連携はこのような経済効果を意識した取り組みであり，

例えば，香川県では2017年11月に県と16市町とで水道事業を統合して運営する事業団を設立した。こうして1つの組織で97万人に水道サービスを供給することにより職員数を104名，浄水場を29施設削減することで，統合前と比較して毎年事業費用の14%にあたる34億円の節減を見込んでいる。

(2) 事業の民間委託と経営形態の変更

インフラの運営について，それを政府などの行政機関が行うべきか，あるいは民間企業によって担われるべきか，今日の社会において大きな論点となっている。かつては中央政府や自治体などの公的機関しか行うことができなかった多額の資本と高いレベルの技術，それに広域的な組織を必要とするような事業，例えば国土全体で均質のサービスが要求される通信事業や郵便事業，鉄道事業などが，巨額の累積赤字やサービスの悪さなど，運営の非効率性などを理由に民営化されてきた。

「民営化」はイギリスのサッチャー政権に代表される1980年代にとられた政策体系の中で，市場メカニズムを重視し政府の役割を限定的にして「小さな政府」を指向するものであり，次のような意味を有する。

1）サービスの利用者が対価を支払う受益者負担方式を導入すること
2）行政サービスを民間に委託すること
3）国や自治体が運営する事業を行政組織から別組織にすること
4）国や自治体が運営する事業を売却して財政に寄与すること
5）事業分野や事業地域の分割により競争環境を導入すること
6）事業に関する種々の規制を緩和すること

これまで国や自治体が行政として運営してきた事業について，民間の経営ノウハウを活用することで効率的に事業経営ができる場合がある。例えば，市役所の住民票など各種証明発行業務や図書館での図書貸出業務といった窓口業務は，これまで公務員が行っていたものの多くを現在は民間企業が受託して行っ

ている。ここで重要となるのは，事業の運営主体が公共であるのか，民間であるのかではなく，負担に対して最も価値のあるサービスを提供すること（バリュー・フォー・マネー：Value for Money）を最大化するにはどうすればよいかという観点である。公共施設を整備する際に税金を使わず民間の資金やノウハウを活用することをプライベート・ファイナンス・イニシアティブ（Private Finance Initiative），また，それよりも広い概念で国や自治体と民間企業が連携して公共サービスの提供を行う仕組みをパブリック・プライベート・パートナーシップ（Public Private Partnership）という。

　このような官民連携手法の前提になるのは，事業活動をより細かい事務に分割（アンバンドリング）し，それぞれの事務を官民どちらで行うほうが望ましいかを検討したうえで，委託するかどうかを判断することにある。

　民営化の段階は，行政事務の一部をアウトソーシングするものから，特定の施設や建物の管理とそこで行う事業を民間企業が担うオペレーションとマネジメント契約，利用者からの収入を得て公的施設を民間企業が運営するコンセッション契約，そして行政から組織的には独立して，施設の所有権も民間に移転される完全民営化がある。わが国においては，JRやNTT，日本郵政などとしてこれまで完全民営化されてきた。地方レベルでは2018年に大阪市が地下鉄事業を大阪市高速電気軌道株式会社（大阪メトロ）に引き継ぐ民営化を行っている。

図表2-4　民営化の類型

分類	内容
アウトソーシング契約	料金徴収，コールセンター，機械のメンテナンスなど汎用性のある業務を委託する。主に1～3年契約。
オペレーションとマネジメント契約（指定管理者）	特定の施設の管理を民間企業に委託する。施設の所有権は公共部門が有し，受託企業は固定又は業績に連動した委託料を公共部門から受け取る。主に5年程度の契約。
コンセッション契約	施設の建設・運営・メンテナンスをすべて受託企業が行い，費用は企業が利用者から直接徴収する使用料収入で賄われる。主に20～30年契約。
完全民営化	事業は民間企業に完全に売却される。公共部門は料金設定の許可やサービス水準の規制・監督などの業務のみになる。

上下水道事業の事例として，大阪市は民間活用手法の導入を拡大することでコスト削減や事業の効率化を行い，下水道事業における安定的な事業の継続と質の高い市民サービスを提供するとして，自治体が施設を保有し事業運営を民間事業者が行う「上下分離方式」を採用し，下水道施設の運転と維持管理を市が出資した法人であるクリアウォーターOSAKA株式会社に2017年から委託している。また，浜松市は2018年4月から下水処理場など3件の施設にコンセッションを導入し，施設の所有権を自治体に残したまま20年間に渡り運営を，複数の民間企業により設立された浜松ウォーターシンフォニー株式会社に委ねることを決定した。このコンセッション導入により委託期間内で約86億円のコスト縮減効果を想定しており，市はこれを施設老朽化に伴う計画的な更新や耐震化事業の推進にあてるとしている。

❺ おわりに

　本章では，人口減少に直面している日本において持続可能な地域の発展を確保するために地域インフラをどのようにして管理するかについて，人間の生活にとって必要不可欠な水を供給する水道と，汚水や雨水を処理して衛生的で安全な環境を保つ下水道事業に焦点をあてて考えてきた。

　海外に目を転じると，フランスは長期に渡る民間委託と流域単位の上下水道管理に特色があり，約3万6千ある自治体が水道供給の責任を負っているが，コンセッションにより人口の約6割が民間企業からの給水を受けている。英国では1970年代から上下水道事業制度において大きな改革が行われ，1973年に自治体によって個別に運営されていた1,500もの上下水道事業体は，大河川を基本として10の流域のなかでの少数の大規模事業者に再編成され，1989年には公共から民間に事業が売却される形で民営化された。1999年にはロンドン首都圏を給水区域とするイギリス最大の水道会社テムズウォーターがドイツ企業に買収されるなど，制度改革の後に国境を超えた水道会社の進出や企業買収が行われた。

　このようなヨーロッパの大手水道企業では，上下水道のほか地域冷暖房やごみの収集・焼却など地域に密着した様々なサービス提供を行う形で事業を多角化し，世界の70近くの国々で総勢1億人近くを対象に国際展開している事例もある。前述した浜松市の下水道事業を受託した企業にもフランス大手水道企業グループが出資している。

　一方で，いったん民営化された公営事業が再公営化される動きも出ている。フランスのパリ市では1990年代以降に水道料金の上昇などで市民の不満が高まり，2009年に25年間の長期委託契約が終了することをきっかけに100年以上に渡った民間委託が取り止められた。ドイツのベルリン市は2012年以降，民間に売却した公営水道会社の株式を買い戻ししている。2019年には，浜松市で下水道事業に続いて進められていた水道事業へのコンセッション導入の検討が延期されることになった。

　水は人間にとって非常に大切なものであるがゆえに，価格が高すぎて水を飲むことができない人がいるようなことがあってはならない。上下水道事業の運営には効率性と公平性のバランスを確保することが求められる。今後，大都市上下水道事業が中心になり流域単位で周辺都市の事業を受託していくような方法や，専門知識を持った人材が少ない小規模自治体では事業ごとで民間企業に包括的に委託し，民間企業は広いエリアでサービスを受注展開することで，規模の経済を享受するようなことが考えられる。

　地域インフラ管理については，自治体が地域の実情に応じてふさわしい運営方法を選択できることが望ましい。日本全国どこででも適用できる最善の経営形態というものはなく，バリュー・フォー・マネーの観点から地域ごとの最適な規模や形態について，地域住民との意見交換を通じた合意形成を重ね，選択していくことが必要であろう。

ディスカッション

1. あなたが関心のあるいくつかの自治体の上下水道料金を調べて比較しよう。そして，料金の違いがどうして生まれるのか考えてみよう。

2. あなたのまちの上下水道事業がどのように運営されているか，自治体の事務事業の民間委託がどの程度行われているか調べてみよう。

【参考文献】

国土交通省（2018）「国土交通省所管分野における社会資本の将来の維持管理・更新費の推計」

　　https://www.mlit.go.jp/sogoseisaku/maintenance/_pdf/research01_02_pdf02.pdf

下関市上下水道局（2018）「下関市水道事業ビジョン―『お客さまに満足される水道』を目指して」

　　http://www.city.shimonoseki.lg.jp/www/contents/1458626961717/files/suivision.pdf

自治体国際化協会「地方自治体と国際水ビジネス」『自治体国際化フォーラム』2012年1月号

　　http://www.clair.or.jp/j/forum/forum/pdf_267/04_sp.pdf

週刊エコノミスト2020年4月27日「水道老朽化で値上げラッシュ「現場無視」改正法の弊害も」

　　https://weekly-economist.mainichi.jp/articles/20200512/se1/00m/020/006000c

総務省自治財政局公営企業経営室「水道事業経営の現状と課題」

　　https://www.soumu.go.jp/main_content/000555182.pdf

総務省自治財政局公営企業経営室「自治体水道事業の海外展開事例集」

　　https://www.soumu.go.jp/main_content/000543167.pdf

東京都下水道局「特集 下水道管の老朽化対策」

　　https://www.gesui.metro.tokyo.lg.jp/business/kanko/newstokyo/230/3/index.html

日本下水道協会下水道史編纂委員会編（1989）『日本下水道史＜総集編＞』日本下水道協会

日本水道史編纂委員会編（1967）『日本水道史』

浜松市「浜松市公共下水道終末処理場（西遠処理区）運営事業」

　　https://www.city.hamamatsu.shizuoka.jp/g-sisetu/gesui/seien/pfi.html

松原聡（1996）『民営化と規制緩和』日本評論社

山本哲三・佐藤裕弥（2018）『新しい上下水道事業 再構築と産業化』中央経済社

藤原直樹

自治体が運営する上下水道事業の海外展開

これまで日本の輸出指向型経済のけん引役となってきた自動車や家電産業が，グローバルな競争の激化によりその成長に限界が見えてきている。そして，日本の新たな経済成長のエンジンを模索するなかで，公営上下水道事業の海外展開がインフラ輸出として注目されるようになっている。

日本の上下水道事業は法律により自治体が供給責任を負い，地域独占的に事業を行うこととなっており，国内の水道及び人口100万人以上の都市の下水道の普及率は，ほぼ100%となっている。しかし，世界に目を転じると日本と同等レベルのきれいな水を安定供給し，汚水を環境負荷の少ないレベルにまで浄化して公共用水域に放流できている国や都市は限られている。経済発展の著しい新興国において，今後の環境への意識の高まりとともに，高品質の上下水道サービスに対するニーズが拡大することは確実である。実際，水メジャーといわれる欧米の巨大多国籍企業は水ビジネスをグローバルに展開しており，アジアの上下水道市場に参入して，現地政府から施設の建設やそれに伴う運転管理などの業務を受託してきた。

日本においては，それぞれの地方の中枢的な都市といえる政令指定都市が中心となってリーダーシップを発揮し，地域の水関係企業と協働し官民連携による上下水道事業の海外展開を2010年ごろより行うようになった。例えば，北九州市は「世界・地域に貢献する水道」という施策目標のもと，海外水ビジネスの展開やカンボジアの水道事業における人材育成などの事業を行い，官民連携の枠組みとして北九州市海外水ビジネス推進協議会を2010年9月に設立して，事業に関わる民間企業の把握，海外のニーズ調査，官民連携によるプロジェクト形成を進めた。

ベトナム・ハイフォン市水道公社の要請に基づき北九州市が技術的な支援を行った結果，ハイフォン市は北九州市の技術が有効で導入可能な高度浄水処理方法であるとし，独自資金による高度浄水処理施設の整備工事を北九州市海外水ビジネス推進協議会会員企業のベトナム現地法人に発注することを決定し，2013年に工事請負契約を締結した。

通常は利潤動機を持たず業務地域が明確に規定されている自治体が，地域活性化の観点から，地域の水関係企業による海外ビジネスの機会創出を目的として，その地域独占事業を海外展開している。このような取り組みは東京都，横浜市，大阪市でも行われ，その後，様々な大都市が同様の取り組みを進めている。

第3章
地域振興とクラウドファンディング

❶ はじめに

　近年，地域の産業振興，まちづくり，福祉，教育，芸術・文化等の分野で，起業家，アーティストや非営利団体等が実現したいアイデアをインターネット上に公開することにより広く多数人から資金を調達するクラウドファンディングが国内外で大きな注目を浴びている。クラウドファンディングを通じた資金調達市場は年々増加傾向にあり，様々な地域活性化策を実現するツールとして活用が進んでいる。

　2000年代初頭に欧米で登場したクラウドファンディングは急速に拡大し，日本でも東日本大震災の復興支援活動を契機に注目が集まった。以来，多数のクラウドファンディングサイトが国内で登場し，様々なサービスを展開している。政府・地方自治体も「まち・ひと・しごと創生総合戦略」の着実な推進のために，クラウドファンディングの活用促進策を打ち出している。クラウドファンディングの利用が各地で広がっているのは，従来の金融の仕組みによる資金調達とは異なる利点があることが背景にある。それは，迅速かつ不特定多数人の共感と賛同によって資金提供の可否が決められることが，これまでの金融の仕組みでは調達が難しかった地域事業の資金が確保できる可能性を広げたことが挙げられよう。

　クラウドファンディングと一口にいっても，そのタイプは多種多様である。資金を求めている人が出資を提供した人に対して何を提供（あるいは返礼）するかでタイプが大きく分かれている。クラウドファンディングに出資する人々の出資行動にはどんな特徴があるのか，また資金調達の成功・不成功に与える要因は何かについて知ることは，クラウドファンディングを活用して地域の取

り組みを実現させていくためには不可欠である。

　本章では，クラウドファンディングの仕組みや特徴を概観し，クラウドファンディングは地域活性化にどのように活用しうるのかについて事例を交えながら考えてみよう。

❷ クラウドファンディングとは

　クラウドファンディング（Crowdfunding）とは，群集（Crowd）と資金調達（Funding）を組み合わせた造語であり，資金を必要とする個人や法人が実現したいアイデアをインターネット上に公開することにより広く資金募集を呼びかけて，多数人から資金を集める手法をいう（佐々木2014）。クラウドファンディングは，インターネット上のプラットフォームと呼ばれるクラウドファンディングサイトを通じて資金を必要としている人と出資する人を直接的かつ広範に結びつけることを可能とした仕組みである。インターネット技術の発展によって情報へのアクセスの容易さや資金調達範囲が地理的にも広がったことが，この直接的かつ広範に両者の接続を可能にしているといえる。また，クラウドファンディングを通じた出資者は，インターネット上の限られた情報の中で，多数人が直接的に出資を行うか否かの意思決定を行い出資する。このことが意味するのは，金融の専門家による審査を経て融資が決まるものではなく，インターネット上の不特定多数人の集合知によって資金調達プロジェクトの実現可否の機能が内在している（山本2014）。

　また，インターネットを通じた資金調達は，その情報伝達範囲の拡大とコミュニケーションの速度向上によって，低いコストで情報を取得でき，また広く情報を浸透させ，普及させることができる。

❸ クラウドファンディング市場の急速な拡大

　クラウドファンディングを通じた資金調達額の規模や活用する社会経済分野

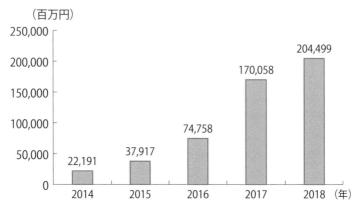

図表3-1　国内クラウドファンディング市場の規模

（百万円）

出所：矢野経済研究所（2018）より筆者作成。

の範囲は，2000年代以降急速に拡大している。日本のクラウドファンディング全体の市場規模を集計したマクロデータは極めて少ないが，矢野経済研究所（2018）によると，2015年度に379億円であった市場規模は，2016年度には745億円となり，2017年度は1,700億円，2018年度は2,044億円に達しており，日本でもクラウドファンディングは急速に普及してきている。日本においてクラウドファンディングの認知度が高まった契機は，2011年3月11日に発生した東日本大震災と言われている（岡本2014）。東日本大震災で大きな被害を受けた被災地の復興支援のため，NPOがその活動資金をクラウドファンディングサイト「READY FOR?」を使って広く寄付を集めたことがメディア等で話題になった。その後，キャンプファイヤー（Campfire）やマクアケ（Makuake）などクラウドファンディングプラットフォームが次々にリリースされた。

❹ 日本政府によるクラウドファンディング政策の動向

　日本政府もクラウドファンディングの活用促進を図る政策を打ち出している。2013年6月に閣議決定された政府の日本再興戦略を受けて，金融審議会

は，新規・成長企業に対するリスクマネーの供給促進策として，クラウドファンディングを含めた検討を行い，2013年12月に報告書を公表した。さらに，2015年5月に金融商品取引法が改正され，一定の条件のもとに従来事実上禁止されていた株式型クラウドファンディングが解禁された。併せて株式型・ファンド型クラウドファンディングへの事業者の参入条件が緩和され，投資家保護のためのルールが整備されていった。

　また，内閣府は，地方創生の取り組みを支援する観点から，大都市から地方へ，また地域内での資金循環の促進や住民による直接的な資金提供の仕組みとして，「ふるさと投資」の普及に着手した。ふるさと投資とは，「地域資源の活用やブランド化など，地方創生等の地域活性化に資する取り組みを支えるさまざまな事業に対するクラウドファンディング等の手法を用いた小口投資であって，地域の自治体等の活動と調和が図られるもの」をいう（内閣府 2017a）。民間企業や地域再生・活性化に取り組む団体等がクラウドファンディングの手法を用いて資金調達を行う際に，地域をよく知る地方自治体や地方金融機関が仲介事業者を紹介したり，プロジェクトの案件組成やプロモーション活動等を支援することで，効果的に地域経済の活性化を図ろうとする仕組みである。対象事業分野は，まちづくり（中心市街地活性化，空き家活用等），観光，エネルギー，地域特産品，ものづくり振興，農業の6次産業化等が想定されている。

　この取り組みを普及・促進するため，2014年6月に内閣府に「ふるさと」投資連絡会議が設置された。「ふるさと」投資連絡会議は，地方公共団体や地方金融機関，クラウドファンディング・プラットフォーム事業者，及び地域メディアを中心に構成されている。これらの主体が連携することにより，地域の資金循環の構造改革を図ることを目的としている。さらに，2014年12月に閣議決定された「まち・ひと・しごと創生総合戦略」においても，「産官学金労言」の連携のもと，2017年改訂版には地方創生の具体策としてクラウドファンディングを活用した創業支援が位置付けられている（内閣府 2017b）。

❺ クラウドファンディングの類型と仕組み

(1) クラウドファンディングの類型

　クラウドファンディングは様々なタイプのものがあり，出資者に対して金銭的リターンを提供するか否かによって大きく非金融型と金融型の形態に大別される。

　非金融型は，出資者に対して金銭的なリターンを伴わないタイプのもので，さらに寄付型と購入型に分けられる。寄付型クラウドファンディングは，主に個人やNPO/NGOなどが災害支援，子どもの学習支援，福祉活動，国際協力など社会課題の解決に向けた活動資金について寄付金を集めるタイプである。このタイプのクラウドファンディングでは，資金調達者は，寄付者に対して元本の返済義務はなく，何らかの返礼品を提供することはないが，寄付に対する寄付者への御礼状の送付や，活動実施後の成果などを寄付者へ報告するのが通例となっている。なお，寄付を受け取る側が地方公共団体や公益法人の場合，寄付者は寄付控除を受けられる場合があるが，資金調達側が公益認定を受けているか否か，寄付者が個人か法人か，また寄付金額によって寄付控除が受けられるか否かが異なり，また寄付控除額も変わってくる。

　購入型クラウドファンディングは，クリエイターやアーティスト，起業家，ベンチャー・中小企業などが，商品・サービスの開発資金や運転資金，あるいは商品プロモーションのイベント運営費等の調達を行う場合に，設定された返礼品（リワード）の購入対価として資金を受け取る仕組みである。地域活性化の取り組みに最も多く利用されているタイプである（詳細は次節で説明する）。

　金融型クラウドファンディングは，出資に対する金銭的なリターンを伴うものであり，さらに貸付型，ファンド型，株式型に分けられる。貸付型は，クラウドファンディング・プラットフォームの運営事業者を通じて，匿名組合などの集団投資スキームによって投資家から出資を募集し，集めた資金を個人あるいは法人に貸し付けるタイプである。これまで金融機関や貸金業者が担ってきた個人や法人へのミドルリスクの貸付原資を投資家から募り，そのリターンを

図表3-2　クラウドファンディングの類型

類型	非金融型		金融型		
	寄付型	購入型	貸付型	ファンド型	株式化型
仕組み	災害支援・福祉など社会貢献活動に充てる寄付金を募る仕組み。	・商品・サービス開発やイベント等に事前にパトロンのようながたちで出資者を募る仕組み。・災害支援・福祉など社会貢献に充てる事業を募る仕組み。・出資者は出資金額に応じた商品・サービスを手に入れることができる。	プラットフォーム運営事業者が投資家から出資金を募集し、匿名組合契約に基づき集めた資金を個人・法人に貸し付ける仕組み。	プラットフォーム運営事業者を介して投資家と事業者との匿名組合契約を締結し出資を行う仕組み。	プラットフォーム運営事業者を介して投資家が事業者の株式に投資する仕組み。
返礼品（リターン）	なし	商品・サービス・利用権等	金利	事業収益	配当・キャピタルゲイン
元本返済義務	なし	なし	あり	なし	なし
規制	—	特定商取引法	貸金業法第二種金融業	第二種金融業	第二種金融業 改正金融商品取引法では未公開株の発行額は1億円未満
主な資金調達者	個人 NPO/NGO等の非営利団体	個人 ベンチャー・中小企業 NPO/NGO等の非営利団体	個人 ベンチャー・中小企業	個人 ベンチャー・中小企業	ベンチャー・中小企業

出所：佐々木（2016）の表を改訂。

返す仕組みである。貸付型クラウドファンディングの運営事業者は，金融商品取引法に基づく第二種金融商品取引業の登録が必要となり，資金を貸し付けるために貸金業の登録を必要とする（佐々木 2016）。ファンド型クラウドファンディングは，事業成果に基づいて金銭によって分配金が投資家に支払われるタイプである。ファンド型クラウドファンディングを運営する事業者は，貸付型と同様，第二種金融商品取引業の登録が必要となる。ファンド型クラウドファンディングを通じて一度に集められる資金規模は寄付型や購入型に比べて大きく，事業規模によって1,000万円から数億円規模にも及ぶ。ファンド型は様々な類型のうち，最も資金調達規模が拡大しているタイプであり，クラウドファンディング市場の成長を牽引すると期待されている（Massolution 2016）。

株式型クラウドファンディングは，新規・成長企業に対するリスクマネーの供給促進策として，2015年5月の金融商品取引法の改正により解禁された。これは，インターネット上での非上場企業の株式発行を通じた資金調達の仕組みである。株式型クラウドファンディングを運営する事業者は，貸付型及びファンド型と同様に金融商品を取り扱うため，金融商品取引法の規制対象となる。株式型クラウドファンディングのプラットフォーム事業者は，第二種金融商品取引業の登録が必要となる。株式型クラウドファンディングによって取得した株式は，未公開株のため証券取引所に上場しておらず，流通取引を前提としていないため，換金性が著しく乏しい。

(2) 購入型クラウドファンディングの仕組み

ここでは地域活性化の取り組みで最も多く利用されている購入型クラウドファンディングを取り上げて，より詳細な仕組みと流れを見てみよう。購入型クラウドファンディングは，出資者に対する商品・サービス，利用権等の非金銭的な返礼品（リワード）の提供が伴う。一般的な購入型クラウドファンディングを通じた資金調達の流れは図表3-3のとおりである。

まず，プロジェクトオーナー（資金調達したい人）は，資金調達を行いたい事業の目的，内容，一定の資金募集期間，募集期間中に調達したい目標額，1

図表3-3　購入型クラウドファンディングの仕組み

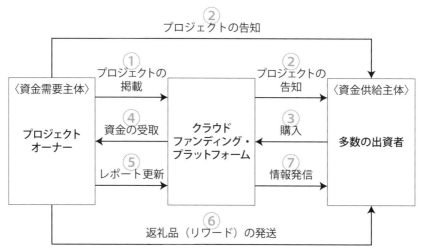

出所：筆者作成。

口あたりの出資額及びその金額帯に応じた返礼品の内容，資金使途等を掲載したプロジェクトページをクラウドファンディングサイトに掲載する。

　次に，クラウドファンディングサイトに掲載されれば資金募集の開始である。プロジェクトオーナーは，資金プロジェクトを出来るだけ多くの人に認知してもらえるよう告知活動を行う。例えば，ソーシャルネットワーキングサービス（SNS）を活用した周知活動と訴求，イベントやマスメディア等多様なチャネルを使い情報を流通させることが多い。出資者は，プロジェクトに賛同し資金支援を行うとともに，返礼品（リワード）を受け取る権利を得る。

　プロジェクト期間中の目標額の達成状況（達成額及び目標達成率）は，プラットフォーム内のプロジェクトページ上に公開・随時更新され，プロジェクトオーナーや出資者はもとより，誰でも達成状況を閲覧することができる。

　なお，資金の調達及び受取りに関して，購入型クラウドファンディングでは一定の方式が定められている。その方式は大きくわけて，①オール・オア・ナッシング（All or Nothing）方式と②オール・イン（All In）方式がある。

オール・オア・ナッシング方式とは，資金募集期間中に集まった総額が目標額を超えた場合，プロジェクトが「成功」したものとしてその集まった全額がプロジェクトオーナーに渡される。一方，募集期間期間中に集まった総額が目標額に満たなかった場合，プロジェクトは「不成功」したものとしてプロジェクトオーナーは資金提供を受ける権利がないというものである。他方，オール・イン方式は，資金募集期間中に集まった合計額が目標額に到達したか否かを問わず，その集まった分だけプロジェクトオーナーへ渡される仕組みである。

プロジェクトオーナーは，プロジェクト期間中，並びにプロジェクト終了後も事業の進捗状況や目標額の達成状況等について，「レポート」と呼ばれる情報発信機能を使って出資者とコミュニケーションを図ることができる。

プロジェクトが成立した場合，出資者は，プロジェクトオーナーからその出資した金額帯に応じて提供することを約束していた返礼品（リワード）を受け取る。なお，出資者はプロジェクトオーナーが進めようとする事業へ意見を述べたり，プロジェクトオーナーが開催するイベントへの参加等を通じて，事業形成プロセスに参画することもでき，資金調達したい人と出資者が直接交流できる点も購入型の大きな特徴であり魅力のひとつである。

❻ クラウドファンディングにおける出資行動の特徴と成功・不成功要因

(1) クラウドファンディングにおける出資タイミング

クラウドファンディングを通じた資金の募集期間中，出資はいつ，どのタイミングで出資されるのか？ クラウドファンディングのプロジェクトを実施するプロジェクトオーナーにとって，募集期間中常に気がかりな関心事項である。募集期間中における出資数の分布状況は，U字型であるとされる（Kuppuswamy and Bayus 2015）。すなわち，募集期間中の出資タイミングは，開始初期に出資額が大きく増加し，その後しばらく停滞が続くものの，終了間際になると再び出資額が急増する傾向がある。このような特性に影響をあたえて

図表3-4　プロジェクト実施機関の出資タイミング

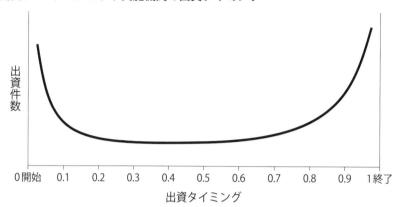

出所：筆者作成。

いるメカニズムについては，主に「家族・友人効果」と「シグナリング効果」
が見られるという。

（2）家族・友人効果

　プロジェクト開始初期における出資の増加は，主に家族，友人，知人などプ
ロジェクトオーナーを直接的に知っている出資者が多い傾向にある（Agrawal
ほか 2015）。これを「家族・友人効果」が生じているという。例えば，ベン
チャー企業における資金調達では，情報収集やモニタリングコストがかかるた
め，初期段階では地理的・心理的に近い知人・友人からの出資が多い（Parker
2009）。クラウドファンディングにおいても，出資者とプロジェクトオーナー
との社会的なつながりを有する人たちによる初期段階での出資が多く見られ，
大きな役割を果たしている。

（3）シグナリング効果

　プロジェクト終期の出資の急増は，出資者は自分自身の出資がプロジェクト
の成功に導く実感が得られるように，出資の推移について様子を見ながら，プ

ロジェクトの終了時期まで待ちたいという心理的動機が働くためといわれている（Wash 2013）。これは「完了効果」と呼ばれている。また，プロジェクト終期の出資増加を導く要因は，プロジェクト開始初期の出資状況にあるとされている。これは，資金調達の開始初期における家族・友人等からの支援が，「リーダシップ支援」となり（Andoreoni 2006），それがシグナルとなって後の他者の出資を呼び込むというメカニズムが働くと言われている。

さらに出資タイミングに影響を与えるものとして，仲間同士の行動によるシグナリング効果がある。シグナリング効果とは，情報をより多く持つ者が情報をあまり持たない者へ情報開示する行動をとることで，他者の認識や行動に影響を与える効果をいう。プロジェクトの開始前，あるいは開始初期段階でのプロジェクトの成功を望む仲間同士によるプロジェクトの推奨が，後の資金提供者へ支援を促すきっかけになり，プロジェクト後期における出資の増加に影響を与える可能性がある（Burch et al. 2013）。この仲間同士のシグナリング効果は，資金提供者や賛同する外部の人たちの告知活動と出資決定との間に関連があるという。つまり，ブログやSNSでの拡散，口コミ，プラットフォームのWEBサイト上での特集キャンペーンの広告などがクラウドファンディングを通じた出資行動の増加に良い影響を与えている（Qiu 2013）。加えて，プロジェクト初期段階での専門家や有名人による推奨がある。インフルエンサーのよるプロジェクトのお勧め記事や，影響力のある人物自らの出資行動がシグナルとなり，不特定多数人による後に続く出資を増加させているという（Lin et al. 2013; Liu et al. 2015）。

（4）クラウドファンディングの成功・不成功要因

プロジェクトの資金目標額達成の成功要因は何か？プロジェクト成功の可否に影響する要因としては，プロジェクトオーナーによる募集期間中のレポート更新の頻度，出資者の応援コメント，Facebookの「いいね」の獲得数，プロモーション動画の質が成功可能性を高めることが指摘されている（Moutinho and Leite 2013）。また，プロジェクト内容の説明文章の適切な長さや分かり

やすさもプロジェクトの成否に影響を及ぼし得る。資金調達したい人は，クラウドファンディングサイトにプロジェクトを掲載しているだけでは成果を得られることは少なく，オンライン上だけでなく積極的に他者へ直接支援を働きかけることが重要であるといえる。一方，プロジェクトオーナーは，プロジェクトを公開する前，また公開した直後の告知活動が重要であることに加えて，クラウドファンディングを通じた支援者自身による支援告知や交流が資金獲得額を上昇させ，プロジェクトをより成功させる要因であるという（Liu et al. 2015）。

❼ 大学と地域が連携したクラウドファンディングの活用事例
─高知の荒地でシャクヤクを600本咲かせ，限界集落を憩い集落に！（高知県大豊町八畝地区）─

ここ数年，地域活性化の取り組みにかかる資金調達としてクラウドファンディングを活用する例は枚挙に遑がない。ここでは高知県において大学と地域住民が連携して限界集落を活気づける取り組みに購入型クラウドファンディングを活用した事例を取り上げる。

（1）クラウドファンディング活用のきっかけ

大豊町東部に位置する八畝地区は，人口約80人，65歳以上の人口が半数を超えるいわゆる限界集落であり，集落には管理の行き届かない耕作放棄地が増加し大きな課題となっていた。2013年に地元の住民有志等で結成された地域団体「大豊シャクヤクの会」の活動に大学教員や学生が参画し，地域の耕作放棄地の再生や地元の伝統野菜「地キビ」の栽培復興と加工品開発に向けた取り組みを始めていた。また，大学教員や学生らは，地域の休墾田を耕してシャクヤクを栽培し，地域に彩りと賑わいをもたらす取り組みを行っていた。そんな中，大豊シャクヤクの会のメンバーから，「八畝地区にある耕作放棄地をさら

61

に再生し，シャクヤクの栽培面積をさらに拡大させて日本一の品種を有する
シャクヤク園を増設し，地域外からの交流客を拡大させていきたい。しかし，
その活動を行うための活動資金が足りない。資金確保については，行政からの
補助対象にもならないし，ましてや銀行から融資を受けることもできない。」
という課題があった。そんな中，会のメンバーがクラウドファンディングとい
う新たな資金調達手法を知り，学生や会のメンバー同士がその利用可能性につ
いて模索を始めた。

　しかし，団体メンバーの多くが高齢者で，インターネットの活用に不安があ
るという課題に直面した。さらに，クラウドファンディングを通じた資金調達
活動は全く初めてのことで知識や経験，ノウハウもなかった。そこで，会のメ
ンバーは，これまでクラウドファンディング，ないしファンドレイジングの実
践に関わってきていた高知大学地域コーディネーター（University Block Co-
ordinator：UBC）に協力要請を行い，UBCがクラウドファンディング・プロ
ジェクトの実施に向けてサポートしていくこととなった。

　一方，クラウドファンディングに関心のある複数人の有志学生も加わり，ク
ラウドファンディングの仕組みについて勉強を重ねながら，学生を交えた大豊
シャクヤクの会のファンドレイジング・チームと言えるような協力体制を築い
ていった。本企画プロジェクトでは購入型クラウドファンディング「Ready
For?」を選択した。理由としては，学生メンバーに利用経験者がいることが主
な理由であった。資金の調達方式に関しては，オール・オア・ナッシング（All
or Nothing）方式を選択した。また，出資者への返礼品は地域で取れた野菜
セットや，お米，高額出資者には八畝地区への交流イベントへの招待などを設
定した。

（2）学生，地域住民，大学地域コーディネーター（UBC）の役割

　地域における有志学生ボランティアの役割は，大豊シャクヤクの会とともに，クラウドファンディングを通じた資金調達の仕組みについて理解し共有すること，高知県大豊町八畝地区が抱える地域課題，本企画が目指す地域の姿，

図表3-5　地域NPOと大学が連携したクラウドファンディング実施体制

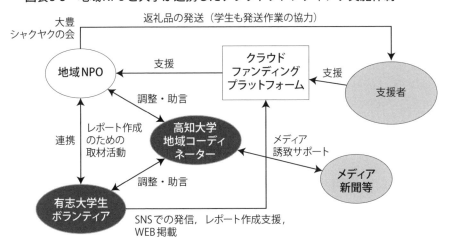

出所：筆者作成。

　地域住民の地域再生にかける思い，生き生きとした住民の姿を，クラウドファンディングを通じて多くの潜在的支援者に知ってもらい，情報発信していくことであった。そこで，更新レポート（クラウドファンディングサイト上の企画プロジェクトページにあるブログ形式の追加的な情報発信機能）を主に学生が担い，地域課題や団体の活動に関する記事，返礼品の魅力について取材し記事をまとめ，プロジェクトページ上に掲載し随時更新作業を行っていった。加えて，プロジェクトが成功した場合，出資者への返礼品の発送作業も学生と地域住民が一緒になって行う役割や体制も準備していった。他方，大学地域コーディネーター（UBC）の役割は，学生や団体メンバーに対する助言，情報発信と拡散を支援する地域外の協力者や外部推奨者のつなぎと仲介，ならびに団体メンバーとの連絡調整役を担った。

（3）取り組みの結果

　本企画は，約3か月間の準備を経て，2015年2月に開始し，2か月間の資金

図表3-6　支援者の構成割合

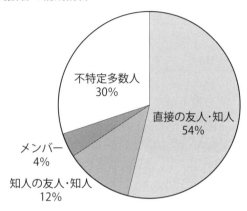

出所：筆者作成。

募集を行った。資金調達目標額を100万円に設定したが，学生，大学地域コーディネーター及び地域団体との連携によるクラウドファンディングの実施の結果，調達額は約120万円に達し，プロジェクトを成功させることができた。

　なお，クラウドファンディングを通じた支援者の構成割合は図表3-6のような結果となった。直接の知人（第1層目）は全体の約半分を占め，直接の友人・知人のそのまた友人・知人（第2層目）による調達割合は全体の12％を占めた。不特定多数者からの支援割合は30％を占めた。ちなみにこの結果は，クラウドファンディング研究の第一人者であるAgrawalの研究で示された支援者の属性要因と効果，「知人・友人効果」とほぼ類似した支援者構成となったのが興味深い。また，クラウドファンディングにおいて，SNSを使った情報拡散だけでなく，資金調達実行者と協力者による直接の声がけ・告知による働きかけや人的ネットワークは大きく影響するようである。クラウドファンディングの目標達成後，希望する支援された方々を大豊町八畝地区に招待し，地元の郷土料理やジビエ料理をふるまい，支援への感謝を述べ，支援者，学生及び地元住民との交流を育むイベントを実施した。

図表3-7　大豊町八畝地区

出所：筆者撮影。

図表3-8　休耕田を開墾する学生

出所：筆者撮影。

（4）クラウドファンディングを活用した地域活性化と連携の意義

　本事例は，地域団体，学生，そして地域貢献推進を使命とする大学地域コーディネーター等が連携し，クラウドファンディングの活用を通じて地域活性化を図る目的で展開されたケースである。連携が比較的うまくいった要因は，や

はり実施主体としての地域団体，及び協力者としての大学生，並びに仲介調整役としての地域コーディネーター等が目的を共有し，それぞれの役割を明確化したことにあったといえる。特にクラウドファンディングは，いつまでにどのくらい資金を集めるか目標が明確化されやすいものであるため，関係者間での目的共有がスムーズに行われたのではと考えられる。

　一方，地域で活動する学生にとって，クラウドファンディングの実施企画に協力・参画したことは，①地域住民へのインタビューを通じてより地域をより深く知るきっかけになったこと（課題探求），②様々な議論を行い，時にはうまく進まない困難な状況も乗り越えつつ，企画を練り上げていったプロセスを地域住民と共有し学びと交流が深まること，③それによってクラウドファンディングの実施終了後も，学生と地域団体メンバーや住民との交流が継続し地域への愛着が深まったことも大きな意義があった。

ディスカッション

1. ふるさと納税とクラウドファンディングの性質の違いは何だろうか。また地域活性化にクラウドファンディングを利用する利点と課題は何だろうか。考えてみよう。
2. 地方活性化のためにクラウドファンディングを活用し，インターネットを使って広く事業資金を募集しようとする際，どのような課題があるか考えてみよう。

【参考文献】

Agrawal, A., Catalini, C. and Goldfarb, A. (2015) "Crowdfunding: Geography, Social Networks, and the Timing of Investment Decisions", *Journal of Economics & Management Strategy*, 24(2), pp.253-274.

Andreoni, J. (2006) "Leadership Giving in Charitable Fund-Raising." *Journal of Public Economic Theory*, 8(1), pp.1-22.

Burtch, G., Ghose, A. and Wattal, S. (2013) "An Empirical Examination of the Antecedents and Consequences of Contribution Patterns in Crowd-Funded Markets",

Information Systems Research, 24(3), pp.499-519.

Kuppuswamy, V. and Bayus, B.L. (2015) "Crowdfunding Creative Ideas: The Dynamics of Project Backers in Kickstarter." *UNC Kenan-Flagler Research Paper* (2013-15).

Lin, M., Prabhala, N.R. and Viswanathan, S. (2013) "Judging Borrowers by the Company They Keep: Friendship Networks and Information Asymmetry in Online Peer-to-Peer Lending", *Management Science*, 59(1), pp.17-35.

Liu, D., Brass, D.J., Lu, Y.E. and Chen, D. (2015) "Friendships in Online Peer-to-Peer Lending: Pipes, Prisms, and Social Herding", *MIS Quarterly*, 39(3), pp.729-742.

Massolution (2016)*2015CF The Crowdfunding Industry Report*, Massolution

Moutinho, N. and Leite, P. (2013) "Critical Success Factors in Crowdfunding:The Case of Kickstarter", *Securities Markets Review*, 45, pp.8-32.

Qiu, C. (2013) "Issues in Crowdfunding: Theoretical and Empirical Investigation on Kickstarter", *Available at SSRN:https://ssrn.com/abstract=2345872*

Wash, R. (2013) "The Value of Completing Crowdfunding Projects", 7th International Conference on Weblogs and Social Media, ICWSM, July 2013.

岡本真（2014）「クラウドファンディングの最前線：READYFOR?の運営経験を通して」『情報の科学と技術』64（8），pp.306-311.

佐々木敦也（2014）『次世代ファイナンスクラウドファンディングで世界を変えよう!』ジャムハウス

佐々木敦也（2016）『ザ・クラウドファンディング』金融財政事情研究会

内閣府（2017a）『「ふるさと投資」連絡会議』
http://www.kantei.go.jp/jp/singi/tiiki/tiikisaisei/furusato/kaigi

内閣府（2017b）『まち・ひと・しごと創生総合戦略（2017改訂版）』
https://www.kantei.go.jp/jp/singi/sousei/meeting/honbukaigou/h29-12-22-shiryou1.pdf

矢野経済研究所（2018）『国内クラウドファンディング市場の調査を実施（2018年）』
https://www.yano.co.jp/press-release/show/press_id/2036

山本純子（2014）『入門クラウドファンディング=Guide To Crowdfunding：スタートアップ，新規プロジェクト実現のための資金調達法』日本実業出版社

梶　英樹

自治体によるクラウドファンディング活用支援事例：
高知県ふるさと起業家支援事業

　高知県は，2019年から県の地域課題の解決に資する新たな事業創出を支援することにより，県における起業の推進を図ることを目的として，高知県内で新たに起業する事業者や起業後1年以内の事業者等を対象に，ふるさと納税型クラウドファンディングを活用し，事業化の際に必要となる資金の調達を支援する制度を実施している。

　本制度において高知県は，県が連携しているクラウドファンディング事業によって提供されている納税型クラウドファンディングサービスを利用して調達した寄付金から，クラウドファンディング事業者への手数料を差し引いた金額と同額を支給するという，マッチングギフト方式による支援制度である。

　対象となる事業者は，高知県で起業や新規事業に取り組む起業家や企業向けに相談や各種交流事業，起業に関する情報発信等を行う拠点「こうちスタートアップパーク」の会員であることが必要である。これまで高知県は，本制度を通じ商店街活性化に資する旅行者向けのシェアハウスの整備等への支援を行っている。

補助事業	補助事業者	区分	補助対象経費	補助率	補助限度額
ふるさと起業家支援事業	以下のいずれにも該当する者 ・こうちスタートアップパーク（起業支援事業）の起業家会員 ・高知県の地域課題の解決に資する新たな事業に取り組むため，高知県内で新たに起業する事業者又は起業後1年以内の事業者（補助事業に係る計画認定申請後に起業する者を含む） ・施設整備等の初期投資費用に対する補助を必要とする者	事業立上費施設整備費（クラウドファンディング調達相当額）	事業の立ち上げ及び実施に要する経費	定額（10分の10）	クラウドファンディング型ふるさと納税を活用して集めた寄付金から，クラウドファンディング事業者への手数料を差し引いた額
		施設整備費（上乗せ補助分）	事業の立ち上げに係る初期投資費用のうち，下記の経費 ・施設整備費 ・機械装置費 ・備品費	定額（10分の10）	クラウドファンディング型ふるさと納税を活用して集めた寄付金から，クラウドファンディング事業者への手数料を差し引いた額を超えない範囲で上限100万円

第4章
空き家再生の本質

❶ はじめに

　本章で取り上げる「NPO法人尾道空き家再生プロジェクト」（略称「空き P」）の活動は，今や多くのメディアに取り上げられ，地方活性化の成功事例として全国的な注目を集めている。

　当NPOの代表理事である豊田雅子氏は，「人間力大賞・総務大臣奨励賞」や「ふるさとづくり大賞」など数多くの賞を受賞し，彼女のもとには全国から講演の依頼が舞い込んでくる。メディアや講演の依頼主の多くは，どうすれば空き家を再生できるのか，どうすれば移住者を増やすことができるのかを彼女から聞き出そうとしているのだろう。そこで，彼女に講演でどのような話をするのか聞いてみると，「専門家ではないので特別な話はできない。せいぜい私の経歴や空きPの経緯，私たちの思いとこれまでの活動をお話するぐらい」だと言う。

　「せめてできることは，私たちは負の資産だとみんなから思われていた斜面地の空き家を，後世に残すべき価値ある資産だと信じて取り組んできた。みなさんの町にも必ず価値ある有形，無形の資産があるはずなので，それを見出して活用できるのではないかとアドバイスするくらい」だと話す。しかし，それに対して，時には「尾道には歴史的な遺産もあるし，観光客も多いので，そういうことができるのだろうが，私たちの町にはそのようなものがない」と，半ば諦めたような反論を受けることも少なくないと苦笑する。

　さて，この違いはどこにあるのだろう。本章では，「NPO法人尾道空き家再生プロジェクト」の事例を通じて，地域活性化の貴重なヒントを見出すとともに，地域活性化の意味についても考えてみたい。

❷ 尾道の斜面地と空き家

(1) 尾道市の概要

　尾道市は，広島県東部にある人口134,000人，世帯数64,600世帯を抱える地方都市である。戦後，増加傾向にあった尾道市の人口は，1975年をピークに減少傾向が続いている（図表4-1）。なお，2005年と2010年に総人口が大幅に増加した理由は，2005年に北部に隣接する御調町および尾道水道を挟んだ向島町と合併したのに続いて，2006年に島嶼部の因島市および瀬戸田町とも合併したことによる。ただし，この新しい市域を含めた人口も同様に1975年をピークにして右下がりの推移となっており，人口減少傾向は現在も続いている。

　尾道は，古くから対明貿易船や北前船，内海航行船が寄港する港町として繁栄した商業の町であり，豪商たちの寄進による多くの神社仏閣が残る歴史の町である。また，坂の町として全国的に有名で，箱庭都市の景観を持つ風光明媚な観光都市でもある。さらに，「放浪記」の林芙美子や「暗夜行路」の志賀直哉など，多くの文人墨客の足跡が残る文化の町であり，近年では数々の名作の舞台となった映画の町でもある。

　尾道市は1898（明治31）年に県内では広島市に次いで2番目に市制を施行した町であり，当時，広島市との間で県庁所在地の候補地を競った歴史も持っている。さらに現在は，山陽自動車道，瀬戸内しまなみ海道（西瀬戸自動車道），中国やまなみ街道（中国横断自動車道尾道松江線）が交わる「瀬戸内の十字路」に位置する交通の要所ともなっている。

(2) 尾道の斜面地

　瀬戸内海に臨む尾道の中心部は，平野が少なく，海と山とに挟まれた狭隘な平地に住宅や店舗が町並みを形成している。明治の頃から，町の北側に迫った山の中腹（地元では，「斜面地」とか「山手」と呼ばれる）には，「茶園」と呼ばれるモダンな洋館や豪華な日本様式の，豪商たちの別荘が建てられるように

図表4-1　尾道市の世帯数と人口の推移

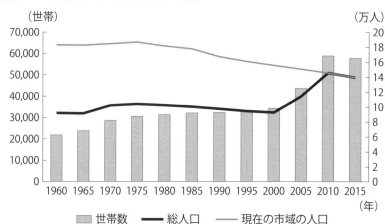

出所：尾道市『統計おのみち』を参考に筆者作成。

図表4-2　坂の町・尾道

出所：尾道商會提供。

なった。その後，山陽本線の敷設や国道2号線の敷設・拡張にあたり立ち退き
となった住民たちの代替地として，斜面地に住宅や社宅なども建てられるよう
になったと言われている。平地から見上げるこうした斜面地の風景は，尾道の

町の原風景である。JR尾道駅に降り立った観光客が，まずこの風景を目にして尾道に来たという実感を抱く風景であり，地元住民にとってはいつも見慣れた，わが町の風景なのである。

斜面地にある住宅には，戦後建てられたものも多く，高度経済成長期における人口の増加に伴って，その数も増えていったものと考えられる。しかし，昨今の人口減少とともに，斜面地の住宅に空き家や廃屋が目立つようになり，地域住民や地域環境に悪影響を及ぼす懸念が生じてきた。ほとんどの斜面地の住宅は，自動車やバイクが通れないような細い坂道沿いに建っており，平地との行き来は徒歩での坂の上り下りとなる。そのため，斜面地の住宅の引越し費用や，家屋の解体に掛かる費用はケタ違いに高く，建て替えや解体などがなかなか進まないため，空き家が放置されているケースも珍しくない。こうした事情から，斜面地の空き家には，以前暮らしていた住民の家財道具がそのまま残っていることも多く，尾道の空き家問題をより複雑なものにしている。

(3) 尾道市の空き家対策

昨今，全国的に空き家問題が取り沙汰されているが，尾道市も例外ではない。特に，斜面地の空き家は行政にとっても大きな悩みの種の一つである。斜面地の住民の老齢化が進み，入院したり亡くなったりする方が増えていく一方で，子供が相続しても建て替えや改築に高額な費用が掛かり，車も入らないような坂道にある不便な斜面地の住宅に戻ることはほとんどない。こうして，そのまま空き家となり，廃屋と化してしまうケースが多いのである。防犯上や防災上，さらに倒壊等による安全上などの理由から，何らかの対策が必要であるとわかってはいるものの，私有財産であるため行政も簡単には手を付けづらく，仮に撤去するにも高額な費用の負担が問題となるのである。

これに対応するため尾道市では2001年，斜面地において「空家基礎調査」を実施した後「空き家バンク」を開設した。しかし，その成果は2007年度までの6年間で11件の成約に止まっていた。そこで2008年に再度，より広範な斜面地で「空家基礎調査」を実施し，その結果をもとに，広島県および地元不

72

動産関係団体との調整を済ませた上で，「NPO法人尾道空き家再生プロジェクト」に，空き家バンクの運営を委託することを決め，翌2009年に両者の間で委託契約が交わされた。

　委託の背景には，それまで斜面地を中心に独自に空き家再生に取り組み，成果を上げてきた空きPへの期待があった。だが，契約上，空きPが取り扱うのは，民業圧迫を避けるため斜面地の空き家に限られていた。このことは，行政のみならず本業である地元の不動産業者にとってさえ，いかに斜面地の空き家が魅力に欠ける，厄介な物件であったかを如実に物語っている。2013年には，契約の対象区域が斜面地だけでなく，市街地の路地裏などの条件不利エリアにも拡大されている。このことは，空きPの活動がいかに成果を上げているかを示す証左であろう。こうして空きPは，地域の負の遺産を地域の資産に変え，地域の深刻な問題を地域作りのテーマへと変えていったのである。

❸ NPO法人尾道空き家再生プロジェクト

(1) NPO法人尾道空き家再生プロジェクトの誕生

　2007年，豊田雅子代表によって任意団体として立ち上げられた空きPは，翌2008年には法人格を取得し，「NPO法人尾道空き家再生プロジェクト」となった。以来，有志メンバーによって主に尾道の斜面地の空き家の再生を手掛けてきた。

　空きPを紹介するチラシの「活動地域の概要」には，次のような内容が記されている。坂の町，尾道の斜面地は，その景観が映画やCM等で紹介され，尾道の代名詞のようになっているが，車社会への変化，核家族化，少子高齢化による市街地の空洞化という現代の社会問題を抱える典型的なエリアでもある。調査では，山手エリアに300軒を超える空き家があるとされ，南面（海側）以外の斜面地や平地の路地裏，商店街の空き店舗などを合わせるとJR尾道駅から半径2km以内には約500軒の空き家があるとされている。その多くは長年の放置によって廃屋化しつつあり，建て替えや新築不可能な立地条件の中，現

存する空き家をいかに上手に活用し，後世に伝えていくかが最重要課題である。さらに，空きPのミッションには，「…空き家の再生事業を通して古い街並みの保全と次世代のコミュニティの確立を目的として活動しています。」と記されている。

第二次ベビーブーマー世代として尾道に生まれた豊田代表は，県外の大学を卒業後，世界中を飛び回るツアー・コンダクターとして活躍した経歴を持つ。尾道の斜面地の家に生まれ育ち，結婚を機に尾道に帰郷した今も，斜面地の生家で生活している。しかし，久し振りに暮らし始めた斜面地では空洞化が進み，懐かしい建物が朽ち，昔ながらの生活風景が失われ，地域のコミュニケーションが希薄になっていることに愕然とし，強い危機感を抱くようになる。あの懐かしい，尾道の風景と生活を取り戻さなければならない，そうした思いは募るものの，誰に頼めるわけでもないので，自分でやるしかないと決意したのだと言う。

こうして彼女は，いきなり突拍子もない行動に出る。それは，ツアー・コンダクター時代に貯めた預金や退職金をすべてはたいて，いずれ壊されることになりそうな二軒の古い空き家を，自ら購入したのである。彼女の目から見ると，それらは尾道らしいたたずまいのある個性的な建物であり，こうした建物を地域に残していかなければならないという衝動に駆られて，二軒の空き家を立て続けに買ってしまったというのである。それが，空きP第一号の再生物件であり，2013年には尾道市の「登録有形文化財」に指定された「旧和泉家別邸（通称，尾道ガウディハウス）」であり，再生後に空きPの事務所や，空き家相談会の会場などとして活用されている，再生第二号物件「（子連れママの井戸端サロン）北村洋品店」なのである。

豊田代表が，こうした活動を始めた動機の一つに，ツアー・コンダクター時代に訪れた，ヨーロッパを始めとする世界中の町の路地裏で見掛けた，昔ながらの古いたたずまいと，そこで暮らす人たちの光景がある。それは，異国の町であるにもかかわらず，どこか懐かしさが込み上げてくる風景であった。それが，尾道の懐かしい風景と重なり，自らの故郷でも大切なものを後世に残して

いかなければならないという強い思いに繋がったのだと言う。

（2）NPO法人尾道空き家再生プロジェクトと空き家バンク

　空きPが，空き家バンク事業に関わって以降の尾道市の空き家バンクの実績は，図表4-3の通りである。前述したように，それ以前の2002年から6年間で定住の実績が計11件であったことに比べると，空きPが受託して以降11年間の年平均の定住世帯数が11件であることは，驚くべき成果であるといえる。134千人の尾道市の人口からみれば，累計世帯数122件は焼け石に水と思われるかもしれない。しかし，JR尾道駅から半径2km以内の空き家約500軒をもとに考えれば122件はその4分の1に当たり，廃屋に近い状態だった空き家の4軒のうち1軒に，再び生活の灯がともったと考えると感動的でさえある。

図表4-3　尾道市空き家バンクの実績

年	2009	2010	2011	2012	2013	2014	2015	2016	2017	2018	2019	累計
相談件数	343	744	625	810	586	567	613	622	615	608	654	6,787
登録件数	59	10	28	18	11	24	17	15	18	17	38	255
定住世帯数	10	11	16	14	2	10	13	8	17	5	16	122

出所：尾道市役所より提供された資料をもとに著者作成。

　空きPの取り組みから教えられることは，本気で地域活性化に取り組もうというのであれば，何よりもまずコツコツと諦めず，一歩一歩地道に活動を続けていくということの大切さである。

❹ NPO法人尾道空き家再生プロジェクトの活動

（1）NPO法人尾道空き家再生プロジェクトの活動

　では，空きPの具体的な活動を紹介しよう。まず，斜面地の空き家に興味のある人に対し，空きPは図表4-4にまとめたような5つの活動を行っている。

図表4-4　空きPの活動

活動	内容
空き家バンク	尾道での利用登録後，初めて物件情報が（自宅からでも）閲覧可能となる。
地域情報の提供	尾道特有の空き家状況や坂暮らし事情，エリアの情報を提供する。
空き家めぐりツアー	年に数回，斜面地の空き家や再生事例をめぐるツアーを実施する。
空き家相談会	毎月1度，不動産業者と建築士を含む空きPのメンバーが空き家への移住や改修，契約に関する相談を無料で行う。
坂暮らし体験（坂の家）	坂暮らしを体験できる，体験ハウス「坂の家」を提供する。

出所：筆者作成。

　この中で，最もユニークな仕組みは，空き家バンクの利用登録が現地（尾道）でしかできない（基本的には，月1度の「空き家相談会」の時）という点と，この利用登録を済まさなければ，具体的な物件情報が入手できないという点である。この二点は，空きPが最もこだわっている方針の一つである。

　実際に多くの自治体で空き家バンクが運営されているが，そのほとんどは自治体のホームページ等で物件の写真が具体的に掲載されていることが多い。それは，具体的な物件情報を多くの人に提供するという点では有力な方法であるが，どうしても写真は見栄えよく撮られているので，実際の物件とのギャップが大きく，落胆させられるケースも多い。そうかと言って，ありのままの現状を掲載すると，そもそも興味自体を引かないことになる。そして何よりも，移住を考える時に大切なのは，決して住む家だけの問題ではないということである。

　確かに，自分が住む家というのは直接的であり重要な関心事である。しかし，それと同じように，場合によってはそれ以上に，その地域独特の気候や風土，文化や慣習に加えて，周りに住む人たちとのコミュニケーションや相性なども重要な要因なのである。特に，地方には，その地方なりの独自の特色があるので，それが魅力である反面，暮らす中で大きな負担となってしまう可能性

も少なくない。特に，空きＰが提供している物件のほとんどは，地元の不動産業者さえ持て余すような山手や路地裏という不便な立地に建つ，長年の間，放置されてきた物件である。そこに移住してもらうためには，一つには，家だけではなく，尾道のよさをしっかり納得してもらう必要があるということであり，もう一つには，今後この地で長く暮らしていく覚悟を固めてもらう必要があるということである。

　そのため希望者には，まず実際に尾道に来てもらい，自分の目で尾道の町や斜面地のたたずまいを見てもらい，尾道の空気を自らの肌で感じてもらうことを最優先にしている。そこで，尾道での暮らしの魅力を伝えるとともに，斜面地や路地裏にある古い家に住むことの不便さ，大変さ（車が入らないことや，坂の上り下りをしなければならないことを始め，例えば，古い木造家屋なので当面はカビが生えやすい，空調効率が悪い，トイレは汲み取り式，虫などが多い等）があり，単なる憧れだけでは斜面地の生活は難しいことも包み隠さず伝える。まず，こうしたことをしっかりと伝え，理解してもらうことを第一のステップとしているのであり，体験ハウス「坂の家」を提供しているのも，こうした意図からである。

　移住に関して時折，耳にするのは，移住してはみたものの想像していた雰囲気や，自分が思い描いていた暮らしと違っていたという問題である。こうした事後のトラブルを避けるためにも，空きＰでは尾道で暮らすことのメリットだけではなく，デメリットも事前に希望者にはっきりと伝え，尾道の町を自らの目で確かめ，肌で感じてもらう機会の提供にこだわっているのである。

　この現地登録制には，もう一つの重要な意味がある。それは，空きＰが最も大切に考えている地域コミュニティへの思いである。これは，空きＰを立ち上げる動機ともなった豊田代表の熱い思いであり，それに賛同して集まってきたメンバーたちの思いであり，それに共感して尾道の住民となった移住者たちの思いでもある。「尾道市空き家バンク」の紹介パンフレットには，「我々としては，尾道らしい景観や地域のコミュニティを大事にしてくださる方に空き家バンクを使って移住してきていただきたいと考えます。尾道が好きで，不便だけ

れども豊かな坂暮らしをよく理解し，一緒に守っていこうという方を歓迎しています。」と記されている。つまり，空きPが目指しているのは，単なる空き家減らしや数合わせではなく，「尾道らしい景観」を次世代に伝えることであり，そこで暮らす人たちとともに，心豊かな「地域コミュニティ」を培っていくことなのである。

　それ故，希望者にこの点をしっかり伝え，確認する作業が必要なのである。裏を返せば，受け入れる側も，どういう人を新しい住民として受け入れていきたいかという基準を明確に持っているということである。こうした活動の結果，尾道の斜面地には今，生き生きとしたコミュニティの輪が広がりつつあり，それがさらに魅力を高めているのである。翻って言えば，現在，いくつかの自治体で行われているような，単に補助金をちらつかせて移住者を呼び込み，数の上だけで地域人口を増やそうという安直な発想による政策が，思うように効を奏さない理由は，地域づくりに対するこうした本質的な思いの欠如にあるのではないかということである。

　さらに，月一回の定期的な空き家相談会や，年数回の空き家ツアーが開催されている点について，これらを継続的に行うことは言うは易し，されど行うは難しである。基本的に，空きPのメンバーがボランティアで運営しているのだが，これも本当に地域を愛し，コミュニティを維持したいという熱い思いがなければ，到底続けられるものではないだろう。

(2) 物件管理の取り組み

　空き家問題の解決が進まない原因の一つに，所有者側の問題がある。例えば，所有者が複数いる，近隣に居住していない，連絡がつかない，意向が不明である，賃借の手続きや物件の管理をしたがらない，諦めているなどである。つまり，空き家問題は借り手がいない，買い手がいないという原因だけではなく，所有者側にもこのような深刻な原因があることが多い。そこで，こうした所有者側の課題に対応するため，空きPは積極的に現状を捕捉し，伝手を頼って所有者にアプローチし，彼らが困っている点を補完することで，空き家バン

図表4-5　尾道空き家再生のシンボル：尾道ガウディハウス

出所：尾道商會提供。

クの物件を充実させている（図表4-6）。

　こうした空きPの地道な活動によって，実際に空き家が再生され，新しい住民によって生まれ変わるのを見れば，自ら所有する物件も有効に使ってもらいたいと思い直す所有者も，少なくないのではないかと考えられる。

図表4-6　空きPの取り組み

所有者の意向調査		新規物件を掘り起こし，所有者の意向を調査する。
新規物件の登録		新規物件について調査し，空き家バンクに登録する。
空き家の活用	物件管理代行型	登録された物件の所有者に代わって，空きPが空き家の改修・管理を行う。
	サブリース型	空きPが所有者から物件を賃借し，改修後，物件を再貸し出しする。

出所：筆者作成。

（3）移住者に対する取り組み

　さらに空きPは，実際に新しく移住してくる人たちに対しても，図表4-7のようなユニークな支援活動を行っている。

図表4-7　空きPの移住者支援の取り組み

改修アドバイス	NPOスタッフが，改修プラン・再生手法のアドバイスや業者の紹介を行う。
専門家の派遣	建築士などの専門家が，構造チェックや改修のアドバイスを行う。
空き家片づけ隊の派遣	NPOスタッフとボランティアスタッフが，片づけ・ゴミ出しを手伝う。
改修作業補助	NPOスタッフが改修作業を補助する（基本的に，移住者本人も参加）。
改修現場監督	NPOスタッフが改修現場の監督を行う。
道具の貸し出し	個人で所有するのが難しい工具を貸し出す。

出所：筆者作成。

　斜面地の空き家には，現状のまま（多くは，屋内に古い家財道具が当時のまま残されている）でよければ貸してもいいとか，譲ってもいいというケースが多い。つまり，所有者は車の入らない斜面地ゆえに割高な改修費用や，家財の運び出し費用を自ら負担しなくてよいのであれば貸す，または売るというのである。その代わり，残されている家財を使おうが処分しようが自由だし，家の中を自由に改修してもらっていいといった条件がほとんどである。しかし，そうした物件を，そのままで借りよう，または買おうという人が出てくる可能性はほとんどない。高額な改修費用や家財の処分費用を自ら負担してまで，古い空き家に住もうという人を見つけ出すのが困難なことは，誰もが容易に想像できるだろう。

　つまり，貸し手も借り手も，高額な費用を自ら負担してまでとは思わないのである。この点が，斜面地の空き家問題が解決しない困難な課題の一つであった。それならば，これを解消してしまおうというのが，空きPの発想の原点である。空きPの基本方針は，空き家に住みたいという人の，家を自由に改修で

きるというメリットを最大限に活かし，その手間と費用というデメリットを，できるだけ減らすよう手助けしていこうということなのである。

　手順としては，まず借り手と空きPのメンバーが一緒に，どのような家にするかプランを考えた上で，必要に応じて業者等の紹介を行う。ただ，建築士による構造チェックは，家の基礎的な安全性を確保するための必須事項とされている。次に，高額な費用が掛かる荷物の運び出しや運び入れを，空きPスタッフやボランティアスタッフらがバケツリレー方式で手伝う。このボランティアスタッフの中心は，地元飲食店グループの経営者で，空きPの副代表でもある山根浩揮氏（豊田代表の同級生でもある）の呼び掛けで結成された，「土嚢の会」のメンバーたちである。

　こうして専門家の構造チェックを受け，荷物が運び出された空き家の内装工事は，基本的にDIY（Do it yourself）方式で行われる。言うまでもなく，移住者のほとんどはDIYの未経験者なので，必要な道具を貸し出し，経験豊富な空きPメンバーが監督を務め，他のメンバーやボランティアスタッフとともに原則，移住者本人も一緒に作業に参加する。それによって，本人の意向がその場で反映できるとともに，自ら手掛けた家への愛着が深まるからである。また，手伝いに参加してくれた人たちとの間にコミュニケーションが生まれ，新しい暮らしへの不安が薄れて，感謝の気持ちも深まる。さらに，そのことによって後日，次に移住してくる人たちに力を貸してあげたいという気持ちが育まれ，コミュニケーションの輪が広がっていくのである。

　空き家の改修時には，手伝いのためのボランティアスタッフを募集するが，その時には，将来，自らも自分の手で自分の家を作ってみたいという人にも積極的に呼び掛けを行う。この体験によって，家づくりの面白さに気づいてもらうとともに，具体的な知識や技術を身に着けてもらい，延いてはそれをきっかけに斜面地の生活に興味を持ってもらうことを意図している。こうして人と人を繋いでいく仕組みがまた，尾道の斜面地の空き家の魅力を高め，コミュニティの輪を広げていく下支えとなっているのである。

(4) NPO法人尾道空き家再生プロジェクトの活動成果

　次に，空き家Pが受託している空き家バンクの活動の，これまでの成果の内容を見ておきたい。

図表4-8　移住者の属性

入居年齢	10歳代	20歳代	30歳代	40歳代	50歳代	
	1	15	43	18	14	
	60歳代	70歳代	80歳代	NPO法人	不明	
	0	1	1	5	6	

世帯員数	1人	2人	3人	4人	NPO法人	不明
	67	17	9	3	5	21

移住前住所	尾道市内	県内他市	中国地方	四国地方	九州地方	近畿地方
	46	18	1	3	1	12
	関東地方	東京都	海外	その他	不明	
	4	15	2	1	19	

物件種別	賃貸	売却	不明
	42	59	21

出所：尾道市役所より提供された資料をもとに著者作成。

　図表4-8を見ると，30歳代を中心に20歳代から50歳代の移住者が多いことがわかる。10歳代，70歳代，80歳代の移住者も各1人ずついるものの，60歳代が0であることから，最近よく耳にする定年後の移住というスタイルは，尾道の斜面地ではほとんど見られないと言えそうである。その理由としては，やはり引っ越しの面倒さに加えて，何よりも体力的な問題があるのではないかと想像される。逆に，若い移住者が多いのは，若いメンバーが多い空きPのコミュニティ作りへの共感が，同じ若い世代に伝わりやすく，こうして生まれたコミュニティが，さらに次の若い移住者を呼び込んでくるという循環が生まれているのではないかと考えられる。

　続いて，世帯員数を見ると，単身者が6割弱を占めていることがわかる（NPO法人を除く）。引っ越し作業や空き家の改修作業などを考えると，移住

者の中心は身軽な単身者が多くならざる得ないのかもしれない。実は，尾道への移住者には，移住前から尾道を何度も訪れ，尾道の町の雰囲気が気に入り，尾道の人と関わる中で尾道の暮らしを知り，地域のコミュニティに触れることで移住を決めたという人が少なからずいる。このことからも，行動の自由度が大きい単身者の方が，移住のきっかけとなる機会が多いと言えるのかもしれない。

　興味深いのは，移住者の前住所である。最も多いのは尾道市内からの移住者で，4割弱を占めている。これに県内他市からの移住者を加えると，5割強は広島県内からの移住者ということになる。一方，東京都および関東地方，京阪神を含む近畿地方からの移住は合わせて25％となっており，単純に，地域の人口の増加が目的であるとするならば，市内からの約4割の移住の成果は差引ゼロであり，もう少し広く，県内レベルで考えれば5割強の成果が差引ゼロということになる。確かに，首都圏や関西圏から移住してきた人が4分の1を占めているとはいうものの，都市圏から地方への人口分散という視点でみれば，必ずしも芳しい結果とは言えないような気もする。

　果たして，これをどう考えればいいのだろうか。この点を豊田代表に聞いてみると，実に明快に次のような答えが戻ってきた。「私たち自体は，そもそも尾道市の人口を増やそうといった大それた目的を掲げて活動しているわけではない。私たちは，尾道らしい斜面地や路地裏の風景と生活を残し，昔ながらの地域のコミュニティを大切に後世に繋いでいきたいという思いから，それを実現するために活動しているだけである」，だから「私たちの思いを理解し共感してもらった上で，移住してきて下さる方なら誰でも歓迎する」と彼女は言う。それは，まさにわれわれが見失いかけていた地域の活性化の原点を，見事に言い当てた答えではないだろうか。

❺ おわりに

　本章で紹介した空きPの事例から，われわれが学ばなければならないことは，

彼らの地域への思いの深さであり，そこで暮らす人たちの思い描く地域の姿や地域コミュニティ作りへの熱意，そして，それに取り組む飽くなき姿勢である。残念ながら，先に示したように尾道市全体の人口は現在も減少傾向に歯止めが掛かっていない。また，市域全体の空き家の問題も深刻である。その数だけを見れば，空きPの活動の成果も焼け石に水ということかもしれない。しかし，尾道の斜面地の"質"は確実に変わってきている。斜面地では確実にコミュニティが広がっており，数十年振りに斜面地で生まれた子供たちの声が響いている。「人と人とが助け合う，人間関係の豊かな生活」は，まさに空きPの目指す地域の一つのかたちなのである。

　空きPのシステムや工夫といったノウハウを学ぶことは，確かに大切なことである。そこには，彼らの知恵と工夫がぎっしり詰まっており，それを自らの地域にどう応用できるかを考えるための大きなヒントがある。だが，それ以上に大切なのは，そうした仕組みや工夫がなぜ生まれたのか，それを実践する原動力は何なのか，彼らはなぜそこまでやるのかということに思いを馳せてみることなのではないだろうか。

ディスカッション

1. あなたの住んでいる町や，あなたの故郷に，地域活性化のための埋もれている資源がないか考えてみよう。
2. 本章で学んだことをヒントに，どうすればその資源を活かすことができるか考えてみよう。

【参考文献】

小川長（2017）「空き家問題と移住」橋本行史編著『地方創生—これから何をなすべきか—』創成社

中川寛子（2015）『解決！空き家問題』ちくま新書

牧野智弘（2014）『空き家問題』祥伝社新書

小川　長

空家等対策の推進に関する特別措置法

　空き家問題が声高に取り沙汰されるようになったことを受けて，2015年に『空家等対策の推進に関する特別措置法』が施行された。この法律は，適切に管理されていない空き家が地域に防災上，衛生上，景観上等の深刻な影響を与えているため，その是正を目的に制定されている（同法第1条）。この法律で言われている空き家の問題とは，具体的には以下のような問題である。

(1)　防災上の問題

　住宅の老朽化によって，建物が倒れたり，外壁や塀が剥がれ落ちたり，屋根瓦がずり落ちたりして歩行者や隣家に危害が加わる恐れがある。特に地震や台風などの際には危険性が高まり，倒壊した家屋などによって道が塞がり，非難や救助活動が妨げられることもある。

(2)　公衆衛生上の問題

　建築物が破損して荒れた状態になると，不法投棄やゴミの放置などによって周辺に臭気をまき散らしたり，ネズミやゴキブリ，ハエや蚊等の害獣や害虫が発生したりするなど，衛生上有害な状態となる恐れがある。

(3)　景観上の問題

　外壁や塀などへの落書き，傾いた屋根やガラスの割れた窓，立木や雑草の繁茂，置きっ放しにされたゴミやがらくたなどによって，まちの景観が著しく損なわれてしまう恐れがある。

(4)　その他

　立木の枯葉が近隣の敷地や道路に散らばったり，枝が道路上にはみ出したりして歩行者の通行を妨げたり，空き家に住み着いた動物の鳴き声や悪臭が発生したりなどの問題が生じる。また，長期間放置された建物へは不特定者の侵入が容易となり，犯罪や失火などが発生する恐れがある。

　このように，同法では空き家問題が，主に不適切な管理を原因とする周囲への外部不経済の問題とされているが，その背後には，空き家が有効に活用されていないという，より本質的な問題が潜んでいることを見逃してはならない。両者は，大いに関連があるものの，これを混同してしまうと解決の道筋が見えにくくなってしまうだろう。

　また，都市部における空き家問題と，地方における空き家問題は性質を異にしていることも理解しなければならない。前者は，空き家が「ある」ことが問題であるのに対して，後者は，空き家に「なる」ことが問題だとされる（中川

2015）。つまり，都市部の空き家が問題視される場合，確かに，希少な資源が有効活用されず，放置された空き家が地域に外部不経済を生じさせるということが問題となるケースが多い。しかし，人口減少が進む地方においては，空き家に「なる」こと自体が深刻な問題となる。それは，その地域から人がいなくなることを意味しているからである。つまり，地方の空き家問題は，外部不経済の問題もさることながら，本質的には人口減少問題だと言えるのである。

第2部 地域活性化と仕事づくり

第5章 観光振興と地域プラットフォーム

❶ はじめに

　観光が地域の活性化や雇用機会の増大，経済の成長分野の一つとして認識され，政府が「観光立国」を謳うようになったのは2003年，当時の小泉純一郎首相が主宰した観光立国懇談会からである。2006年には「観光立国推進基本法」が成立し，2008年には「観光庁」が設置された。その後は，2009年のリーマンショックによる経済危機や2011年の東日本大震災を経験したもの，訪日外国人観光客はその年を除いて増加傾向を示し，2019年には3,188万人が日本を訪れた。国内の人口減少が進む中で，海外から観光客を呼び込む観光振興の取り組みは，地域活性化の一翼を担ってきたといえる。

　一方で，交流人口をどのように受入れ，地域経済への波及に結び付けるか，持続可能な取り組みにつなげていくかは，各地の受入体制や企画力，実行力に委ねられている。また，2013年に1,000万人であった外国人観光客が，その5年後には3,000万人を超えるという急激な変化は，住民生活に支障をきたすようなことにもつながり，近年では欧州の観光地でも懸念されるようになってきた「オーバーツーリズム」と呼ばれる現象が生じ始めていた。事実，一部の地域では，住民がバスに乗れないなど公共交通機関の利用がしにくくなったり，違法民泊による治安の不安等も社会問題化してきた。そのため，地域における観光客受入れの合意形成や予防的な対策が重要になっている。

　本章では，地方創生において重要な位置づけとなっている「観光」に焦点をあて，観光客を受け入れる地域の側の場づくり，さらに，その場を活用した地域内での多様な連携による「仕事」づくりについて，香川県丸亀市の事例から検討していくこととする。

図表5-1　訪日外国人観光客数の推移

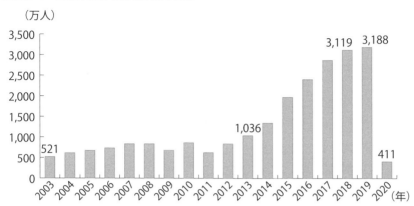

出所：日本政府観光局（JNTO）。

❷ 観光地域づくり法人（DMO）とは

　地域において観光客誘致や受入れ環境の整備などの観光振興に取り組む体制は，行政や観光協会，旅館組合などの公的な組織や団体が中心である。特に観光地の場合，観光協会の会員構成は，観光施設や宿泊施設，土産店，飲食店，旅行会社，運輸業など観光関連の事業者が中心となる。

　DMOとは，Destination Management/Marketing Oranizationの略称で，文字通りその地域（観光目的地）をマネジメントし，積極的にビックデータ等を活用してマーケティングを進める組織である。日本では，観光庁が2015年に日本版DMO候補法人登録制度を創設したことから，観光の分野で広く使われるようになってきた。また，観光庁では2020年に日本版DMOという呼び名から，観光地域づくり法人という名称を使用するようになっている。

　さて，観光庁による定義を分解してみると，観光地域づくり法人は「地域の"稼ぐ力"を引き出すとともに，地域への誇りと愛着を醸成する"観光地経営"の視点に立った観光地域づくりの舵取り役」であるとしている。そして，「多様な関係者と協同しながら，明確なコンセプトに基づいた観光地域づくりを実

現するための戦略を策定する」ことが求められ，さらに「戦略を着実に実施するための調整機能を備えた法人」となっている。

観光地域づくり法人の３つの役割

①観光地域づくりの舵取り役
②戦略の策定役
③戦略を実施する調整役

　いずれも重要な役割であるが，ポイントは「多様な関係者と協同」するところにある。これまでのように観光関連事業者の集まりではなく，これからは地域のあらゆる産業の事業者や，市民・コミュニティが携わる機会も生み出されることが重要であり，そのことが観光地域づくりを支える基盤になるといえる。

　以上を踏まえ，次からは観光地域づくり法人の一つである一般財団法人丸亀市観光協会（香川県丸亀市：2020年1月にDMO候補法人に登録。以下，丸亀市観光協会とする。）の事例を見ていくことにしよう。ここでは，登録を目的とした取り組みではなく，登録に向けた計画づくりを進める中で「多様な関係者と協同」していく仕組みの構築や，丸亀市における観光振興の考え方の共有，そして様々な業種の民間事業者が連携する場を創り出しているケースとして取り上げる。

❸ 丸亀市観光協会の挑戦

（1）丸亀市の概要と丸亀観光

　香川県丸亀市は，岡山方面から訪れると，瀬戸大橋を渡り四国に入ってすぐ，瀬戸内海に面する地理的条件にある。香川県では県庁所在地の高松市に次いで人口が多く，約11万人を有する都市となっている。古くから海上交通の要衝であり，また金刀比羅宮の参道口としても賑わった。1602年に生駒氏が

図表5-2　丸亀市の位置図

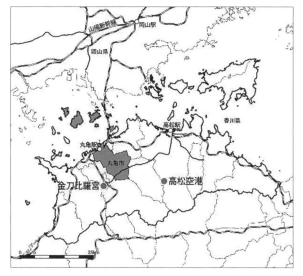

出所：筆者作成。

図表5-3　丸亀城

出所：筆者撮影。

築城した丸亀城の城下町として栄え，現在の天守閣は日本に現存する12天守閣の一つ，国指定重要文化財となっている。また，瀬戸内海には本島，広島，手島，小手島，牛島などの島々が点在し，そのうちの本島は3年に一度開催される瀬戸内国際芸術祭の会場になっている。

そのほか，内陸部には1991年に開業したレジャー＆リゾート施設，Newレオマワールドが営業している。丸亀市の観光入込客数を見ると，丸亀城とNewレオマワールドがそれぞれ年間約100万人を集客する二大観光施設となっている。関西や中四国から訪れる観光客の割合が高いが，丸亀市から車で約1時間のところには高松空港があり，金刀比羅宮も近いことから，四国への旅行で訪れる関東をはじめ全国，そしてアジアからの観光客もコロナ前の2019年までは一定の割合で来訪していた。

(2) 丸亀版DMO懇談会

前述のように，丸亀市には丸亀城やNewレオマワールドといった100万人規模の集客を誇る施設があるものの，全国の観光地ランキングに出てくるような有名観光地とは言い難い地域である。一方，地方に所在する他の自治体と同様に，丸亀市も人口の減少局面に入っており，観光による地域経済の活性化には期待が大きい。

これまで丸亀市全体の観光振興については，行政と丸亀市観光協会が中心に進めてきた。しかし，地方創生を考える上で丸亀市観光協会には，自らがDMO的な役割，すなわち前述の観光庁の定義や，UNWTO（国連世界観光機関）が定義するところの「様々な関係機関，利害関係者及び観光従事者を取りまとめ，デスティネーション（観光目的地，ここでは丸亀市）の共通ビジョンに向かって連携を促す主導的な組織」となることが求められる。そのために，まずは共通のビジョンをつくり，これまでに取り組んできた観光振興の事業を見直し，多様な関係者をつなぐことから始めることが重要である。そのような考え方のもとで，2017年度から丸亀市観光協会の挑戦が始まった。

① 企画と準備

　丸亀市観光協会では，DMO登録認定制度の活用を検討するにあたり，初めから登録そのものを目的とするのではなく，申請のプロセスを重視して取り組むこととした。そこで，まずは，これまでの丸亀市観光協会及び行政の観光振興の事業を見直すことから始めた。同時に，DMO法人の登録要件の一つ「多様な関係者の合意形成」に着目し，これまでの観光協会の会員はもちろん会員以外でも，丸亀市でのイベントやまちづくり活動に積極的なキーパーソンに対して訪問ヒアリングを進めていった。ヒアリングでは，それぞれのキーパーソンが現在どのような活動に取り組み，また，市内の他のキーパーソンと一緒に観光まちづくりを進めていきたいかどうかの意向把握を中心に聞き取りを行った。併せて丸亀市観光協会や丸亀市が構想している「場」として，丸亀の観光まちづくりに関心のある人たちが集い，交流し，新たな連携事業を創出することのできる「プラットフォーム」への参加を働きかけていった。

　ここで「観光まちづくり」という用語に触れておこう。観光まちづくりは，文字通り「観光」と「まちづくり」を合わせた用語であるが，観光からアプローチするまちづくりなのか，まちづくりからアプローチする観光なのかは，両方の見解があり，これまで様々な定義がされてきている。その中で，2000年に観光まちづくり研究会によって記された「地域が主体となって，自然，文化，歴史，産業など，地域のあらゆる資源を生かすことによって，交流を振興し，活力あふれるまちを実現するための活動」という定義がわかりやすい。すなわち，これまでのように有名な観光施設だけを外向けにアピールして観光客を誘致するのではなく，地域が主体になって多様な地域資源を再発見し，体験したりすることのできる観光資源として磨き上げる必要がある。磨き上げられた観光資源や，地域主体による観光まちづくりの活動自体に惹かれて観光客が訪れるサイクルを生み出すことで，地域の活性化に結び付けることができる。そのことにより，これまでの観光関連産業と位置づけられる事業者や団体だけでなく，地域の多様な事業者や市民のかかわりが重要になってくるのである。

　丸亀市観光協会と丸亀市が訪問ヒアリングした市内キーパーソンは，最初の

1年半で30名以上にのぼる。できるだけ多方面の業種で新しい動きをしている若手・中堅のキーパーソンを中心に選ばれた。例を挙げると，和菓子の職人，マルシェなどに取り組む農業者，クラフトビールの起業家，地域商社の代表，陶芸体験教室の主宰者，ゲストハウスの経営者，うちわ職人，地元情報誌の編集者，音楽フェスティバルの主宰者，讃岐うどんの店主などである。これだけのラインナップを見ても，丸亀市のバラエティに富んだ地域特性がイメージできるのではないだろうか。

　この訪問ヒアリングの対象者は，観光協会や行政の職員にとってすでに面識のある人もいたが，現場を訪問して少なくとも1時間は話をするので，このようにじっくりとヒアリングや意見交換に取り組めたことは，懇談会を設置する前段階として非常に有益であったといえる。

② 設立と開催状況

　訪問ヒアリングを通じて懇談会設置についての賛同を得ることで，場の設定への可能性が高まり，2018年6月，第1回の丸亀版DMO懇談会が開催された。この懇談会が多様な関係者を結び付ける「プラットフォーム」である。プラットフォームには，駅のプラットフォームという言葉になじみがあるように，「一段高くなった平らなところ」という意味があるが，まちづくりの現場では「役職など関係なく，人々が自由に集い，交流できる場」との意味合いで使われる。この丸亀版DMO懇談会も，丸亀の観光振興や観光まちづくりに関心のある人が集い，交流し，新たな連携事業を創出することのできる場として設置された。

　ここでは当初から，会の「長」を置かない出入り自由の緩やかな会として設定されており，会の規約も作っていない。また，毎回の会議ではお茶と菓子代として500円の参加費で参加することとなっており，それ以外に会費は徴収していないのが特徴である。

　1年度目（2018年度）は年に6回，2年度目（2019年度）からは年に4回の頻度で開催しており，3年度目の2020年度はコロナ禍により最初の開催が遅

図表5-4　DMO懇談会の様子

出所：筆者撮影。

れたが，2020年11月までに2回を終え，計12回実施している（2021年1月現在）。

図表5-5　丸亀版DMO懇談会の開催一覧（2018年6月〜2020年11月）

回数	年月	会場	テーマ
第1回	2018年6月	ボートレース丸亀	ボートレース丸亀の観光への利活用
第2回	7月	中津万象園	中津万象園及び寺社仏閣の観光における活用について
第3回	9月	レオマリゾート	レオマリゾートと市内他地域との観光連携について
第4回	11月	丸亀港フェリーターミナル旧ピア39	瀬戸内国際芸術祭2019について
第5回	2019年1月	レクザムボールパーク丸亀	レクザムボールパーク丸亀と市内他地域との観光連携について
第6回	3月	寶月堂	寶月堂と登録文化財の利活用について
第7回	5月	健康増進施設サンテ・ペアーレ	ワークショップ「丸亀の観光を戦略的に進めるための事業アイデア」
第8回	8月	秋寅の館	日本遺産の取組・連携に関する意見交換
第9回	11月	うちわの港ミュージアム	インバウンドの取組・意見交換

第10回	2020年2月	ボートレース丸亀	ボートレース場での集客イベント「まるサタ」について
第11回	9月	丸亀市生涯学習センター	四国水族館との連携について
第12回	11月	丸亀市猪熊弦一郎現代美術館	ニーズが高まる教育旅行の受け入れについて

(注) 2020年度は新型コロナウイルス感染拡大により第11回の開催が9月にずれ込み，日程に大きな影響が出たが，継続して開催されている。
出所：丸亀市観光協会資料より筆者作成。

③ 運営の工夫

　このような場づくりでは，かしこまった会議になると活発な意見交換はしにくく，そもそも参加のハードルを高くしてしまう恐れがある。丸亀版DMO懇談会では，すすんで参加したいと思ってもらえるような工夫を随所に取り入れている。ここでは，丸亀版DMOで意識的に取り組んでいるいくつかの運営の工夫から，5点を紹介しよう。

工夫1 毎回，会場を変える

　図表5-5に第1回から第12回の会場名を掲載している。このように毎回，会場を変えている点が一つの特徴である。長年，市内で暮らし，事業を営んでいたりしても，一度も訪れたことが無いという場所は多い。近いがゆえに「いつでも行ける」という気持ちから，なかなか行く機会を持てない。これから丸亀市の観光振興に一緒に取り組んでいこうというときに，参加しているメンバーがどんなところで事業をしているのか，どのような観光資源を持っているのかを実際にたずねて，体験することは非常に大事な機会となる。また，このような機会だからこそ参加してみようという動機につながるものである。

工夫2 参加の出入り自由，知り合い紹介，市内事業者だけに限定しない

　図表5-6のグラフが丸亀版DMO懇談会の参加者数の推移である。凸凹があるが，概ね30名前後で推移している。特筆すべきは，毎回新規の参加者が必ずいる点である。参加自由な場であることはすでに述べたが，参加者がこのよ

図表5-6　丸亀版DMO懇談会参加者数の推移

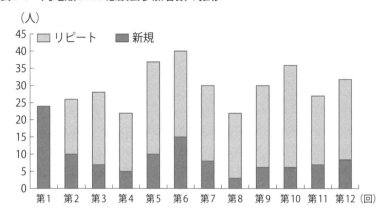

出所：丸亀市観光協会資料より筆者作成。

うな会に興味のある知り合いを連れてくることを推奨しており，しかも市内に限らず近隣の事業者もウエルカムである。

　この工夫は，会の参加者の固定化を防ぐとともに，多様な参加者の輪を広げていく効果がある。新たな人との出会いが増えることで，新しいビジネスを生み出すチャンスが増えることにもつながるからである。

工夫3　会場に合わせて検討テーマを設定する

　懇談会では，訪れた会場に関連したテーマを設定することで，その場の雰囲気に合った議論をすることができ，連携して取り組む新たなアイデアも生まれやすい。もちろん，時宜に合ったテーマの設定をすることもあり，必ずしも会場の設定と同じテーマばかりではないが，参加者が関係している施設であれば，まずはその場所の特徴や利用方法などの説明をしてもらうことで，全員で情報共有することが可能となる。場合によっては，いま抱えている課題やこれから取り組みたいことを披露してもらうことによって，参加者のリソース（資源）を組み合わせるような，活発な意見交換につなげることもできる。

工夫4 PRタイムを設けて，各自のイベント等の情報を発信する

　工夫1で取り上げたように参加者は意外と自分のまちの観光資源について詳しく知らなかったり，訪れたことがないということがあるが，それと同じく，市内で多くのイベントがあること自体を知らないことも多い。場合によっては，同じ時期に重なるイベントもあり，うまく両者のイベントを連携させることで相乗効果を発揮できる可能性もある。そこで，懇談会の最後の時間をPRタイムとして必ず設定し，近々開催する予定のイベントの告知を行い，情報共有するようにしている。

　また，丸亀市の観光に関連した新たな取り組みや企画についても情報共有するためのPRタイムとしている。

工夫5 会終了後の自由交流（名刺交換）タイムを設定する

　正式な会議の時間は90分程度で終え，その後は名刺交換をするなどの自由交流の時間を設定するようにスケジュールが組み立てられている。この時間が参加者にとって最も活発に交流できる時間であり，連携して何かを生み出すヒントや，実際に連携するきっかけを生み出す機会になる。会議での意見交換でも，参加した人が必ず一言は発言できるようにしているものの時間的に制約がある。したがって，この自由交流タイムが重要な時間として位置づけられる。

❹ プラットフォームと「仕事」づくり

　前節でみてきたように，長く丸亀市の観光振興に携わってきた丸亀市観光協会は，DMO法人への登録申請という機会をきっかけに，新たに丸亀版DMO懇談会を立ち上げ，市内外の観光まちづくりに関係する人，関心のある人を結び付けるプラットフォームを設けた。このプラットフォームを情報の交換や交流の場にとどまらせず，さらに「仕事」づくりに結び付けていくことがこれからの課題である。

　懇談会で知り合い名刺交換したことをきっかけに，あとは自動的に参加者同

士が自由に連絡を取り合い，お互いの事業を進展させたり，連携事業が創出されていくことが一番期待されることではあるが，2〜3ヶ月に1回しか開催されない懇談会の場だけで，すぐに新たな事業は生み出しにくいのも事実である。

　そこで，これからはDMOとなった丸亀市観光協会が文字通り「Management」をすることができるかどうかが問われてくる。丸亀版DMO懇談会は2018年からのスタートであり，丸亀市観光協会がDMO候補法人に登録されたのは2020年1月なので，まさに「これから」の事業であるが，ここでは観光協会が現在進めつつある事業について，先取りして概略を紹介しよう。

　丸亀市観光協会では，丸亀版DMO懇談会とは別に，そこに出席しているメンバーの中から，申請に向けた「DMO形成・確立計画」策定のためのワーキンググループを2019年度に設置し，ここでの議論を通じて計画づくりに取り組んだ。検討中の内容は，丸亀版DMO懇談会で紹介するとともに，観光協会の内部機構にあたる理事会や総会等での議論も経て計画を策定したが，この計画づくりでは丸亀市の観光振興の目指す方向性を共有する上でも，ワーキンググループでの議論は大変重要なプロセスであった。

　計画策定後，ワーキンググループは幹事会に発展し，2020年度から，情報や食などの4つのテーマからなるリーディングプロジェクトを立ち上げて，丸亀版DMO懇談会からも参加者を募りながら，具体的な事業づくりに着手している。残念ながら，新型コロナウイルスによって市内の観光関連産業の担い手である参加者にも多大なる影響が及び，また感染が収束しない中で観光客の移動が滞っている状況もあり，2021年になっても検討した事業が延期になったり，中止せざるをえない状況が続いている。

　しかし，このリーディングプロジェクトの取り組みこそが，新たな「仕事」づくりにつながる「第2のプラットフォーム」であり，今後の進展に期待するところである。

❺ おわりに

　本章では，地方創生において重要な位置づけとなっている「観光」に焦点を
あて，観光客を受け入れる地域の側の場づくり，さらに，その場を活用した地
域内での多様な連携による「仕事」づくりについて，香川県丸亀市の事例を紹
介してきた。

　そこで明らかにしたことは，これまで観光関連産業というと，宿泊業や旅行
業，観光施設，土産物店などの範囲でとらえられてきたが，もっと幅広い産業
の事業者や市民も巻き込んで，地域全体で観光まちづくりに取り組むことが重
要であり，そのためのプラットフォームが必要なことである。丸亀版DMO懇
談会では，多くの参加者が集いやすいようにいくつかの運営上の工夫が試みら
れており，これらの点は他の地域でも参考になるであろう。

　また，「仕事」づくりにつなげるためには，プラットフォームが交流や情報
交換の場に留まることなく，連携した新たなビジネスチャンスの場として機能
することが必要であり，丸亀市の場合には，4つのリーディングプロジェクト
を設定して動き出したところである。今後，真に「仕事」づくりの場になるた
めには，「第2のプラットフォーム」として，この仕組みを上手に機能してい
くためのコーディネート機能をDMOである丸亀市観光協会が担っていく必要
がある。それによって，コロナ後の世界の丸亀観光の発展につながっていくで
あろう。

ディスカッション

1. あなたのまちにDMO法人があるか調べてみよう。そして，ある場合は，「日本
版DMO形成・確立計画」にどのような内容が書かれているのか確認してみよ
う。ない場合は，観光協会があるか調べて，その事業内容をホームページで確
認してみよう。
2. 新型コロナウイルスの感染拡大によって観光客が激減し，観光関連産業は大き
な影響を受けている。どのように報道されているのか，新聞や雑誌，WEB
ニュースなどから調べてみよう。

【参考文献】

UNWTO（2020）『デスティネーション・マネジメント・オーガニゼーション（DMO）の組織力強化のためのUNWTOガイドライン〜DMOが新たな課題に備えるために』

高田剛司（2021）「観光地域づくり法人（DMO）の形成過程における「場」の役割〜丸亀版DMO懇談会の事例から〜」一般社団法人日本計画行政学会関西支部『関西支部年報』第40号，pp.17-20

森重昌之（2015）「定義から見た観光まちづくり研究の現状と課題」『阪南論集　人文・自然科学編』Vol.50，No.2，pp.21-37

高田剛司

COVID-19による観光客受入れへの意識変化

　本文でも触れたように，2020年の新型コロナウイルス（COVID-19）感染拡大が全世界に広がるまでは，日本ではインバウンド観光を強力に推し進め，目標以上の外国人観光客数の受け入れを達成した。そのことによる経済効果はもちろん高かったが，一部の観光地ではオーバーツーリズム（許容量以上の観光客の増加）による地域住民の生活環境への影響も懸念され始めていた。また，インバウンド観光に傾注しすぎていたこともあり，今回の出来事によって海外からの受け入れがストップすると，たちまち地域経済への大きな影響を免れない地域も現れた。

　観光振興に取り組む指標の一つとして一般的に利用される「観光入込客数」は，単純に観光客が増えれば良いということで使われがちである。そうではなく，どのような観光客が地域に来て地域経済に貢献し，観光客も地域も「よかった」と思える観光になれるかが重要である。そのことを今回のコロナによる「観光停止」の時期に，地域全体であらためて考え直す必要があるであろう。本文で紹介した丸亀市で「日本版DMO形成・確立計画」を策定したのはコロナ前であったが，「観光客と地元の"参加と共感"による観光振興」に取り組むことをコンセプトとして位置づけたものであり，やみくもに数量を求める観光を良しとはしなかった。このコンセプトは，ワーキンググループでの丁寧な議論を経て生まれ，大変重要なメッセージを発信しているといえる。

　2020年春の緊急事態宣言解除後は，夏からのGO TOキャンペーンの前に，全国各地で市内や同一県内の市民を対象とした独自の観光キャンペーンが行われ，市民が自分のまちの宿泊施設に泊まって食事をし，観光施設を訪ね，あらためて自分のまちの良さを認識する機会になった。関西のある自治体のアンケート調査によると，利用した人の満足度は大変高く，また他の人に薦めたいという意見も強く表れており，今後，市民が観光振興の「応援団」になってくれることが期待される。

　このように，地域で観光振興を進めていくには，事業者だけでなく市民も一緒になってウエルカムの環境を創り出していくことがこれからますます必要であり，そのためにどのような地域を目指すのか共有できるものを再定義したい。アフターコロナを見据えて，今から準備を進めていくことが重要である。

第6章
地場産業とツーリズム

❶ 「地域の稼ぐ力」と地方創生

（1）個人観光や着地型観光と地方創生

　日本経済は，新型コロナウイルス感染症（COVID-19）拡大の影響によって，国難とも言うべき厳しい状況に置かれている。国内総生産（GDP）支出面では，民間最終消費支出である個人消費が半数以上を占めている。その個人消費は，外出自粛による消費者マインドの影響を受け停滞している。くわえて，地場産業と呼ばれる日用品の生産地では，1990年ごろから安価な海外製品との競合や，ライフスタイルの変化によって，現在は生産量，生産額，事業所数がピーク時の半分から1/5程度までに落ち込んでいる。日本の国土7割を占める農業生産が不利な中山間地域では，江戸時代以来，日用品の生産である地場産業が「地域の稼ぐ力」であったが，地場産業はかつての「稼ぐ力」を失っている。新型コロナウイルス感染症拡大の影響によって事業所数が激減し，生き残る生産地と消えゆく生産地の差が顕著に表れるであろう。持続可能な（sustainable）地域経済のためには，地域外から所得を獲得する「地域の稼ぐ力」の再生や育成が不可欠である。

　日本政府は，地方の平均所得を上げるために，「地域の稼ぐ力」である移出産業を重要視し，個人観光や着地型観光による地方創生や地域経済活性を推進している。近年，観光は，団体観光から個人観光へ，そして物見遊山的な発地型観光から，観光先で何かを体験する体験観光や，観光を通じて何かを学ぶ学習観光などの着地型観光へ，観光の質が変わってきた。本章で取り上げる生産地のツーリズム化とは，生産地での産業観光や農業観光など，個人観光や着地型観光をいう。生産地のツーリズム化は，地域の生活に密着した個人観光や着

地型観光である。しかし地元の人たちは，身のまわりのモノやコトがあまりにも日常的存在すぎて，それらの価値に気づかず生活している。身のまわりのいたる所に，観光資源や付加価値は潜在している。住んでいる地域の歴史，産業，文化など，身のまわりにあるモノやコトの特色を見つめ直し，「地域の稼ぐ力」として再構築することが，本章のねらいである。

(2)「地域の稼ぐ力」と多様なコト消費・モノ消費・トキ消費

　地方創生とは，地方の平均所得を上げることである。なぜなら，地方には人口減少対策，少子化対策，高齢化対策が必要であり，これらの対策を実施するためには，地方の魅力を上げ，地方で働くことができる雇用が必要である。つまり地方の平均所得を上げることにある。地方の平均所得を上げるためには，「地域の稼ぐ力」である移出産業を再生や育成しなければならない。地方では，農林漁業，地場産業，そして観光産業も「地域の稼ぐ力」であり，移出産業である。「地域の稼ぐ力」である移出産業を再生や育成するためには，団体観光のような画一的なマス・ツーリズムではなく，多様なコト消費・モノ消費・トキ消費を合わせた個人観光や着地型観光が必要である。

　本章では，生産地のツーリズム化によって，消費者が該当地域での，①農家民泊や絵付体験などサービス（無形商品）に価値を感じてお金を使う「コト消費」，②カジュアル・リッチを商品コンセプトにした波佐見焼などモノ（有形商品）に価値を感じてお金を使う「モノ消費」，③その時，その場でしか味わえないコトやモノに価値を感じてお金を使う「トキ消費」の三つの消費額を増やすことが，「地域の稼ぐ力」である移出産業の再生や育成につながると捉えている。消費者である日本人観光客や訪日外国人観光客を特定地域へ呼び込むために，コト消費が注目を集めている。しかし，「地域の稼ぐ力」である移出産業を再生や育成するためには，コト消費だけではなく，モノ消費とトキ消費も不可欠である。個人観光や着地型観光による多様なコト消費・モノ消費・トキ消費によって，「地域の稼ぐ力」を再生や育成することが生産地のツーリズム化であり，中山間地域の生き残りをかけた地方創生に対する一つの答えであ

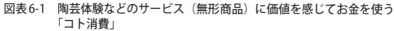

図表6-1　陶芸体験などのサービス（無形商品）に価値を感じてお金を使う
　　　　　「コト消費」

出所：「波佐見焼の生地職人になる旅：5時間コース」にて筆者撮影。

る。

　本章で取り上げる長崎県波佐見町での個人観光や着地型観光について考える
と，波佐見町へきて，波佐見焼そのものや波佐見焼工房をみて楽しんだり，観
光ガイドや職人から地域の歴史や文化を学んだり，陶土を練りろくろを廻す体
験を楽しんだり，というような「きて」「みて」「学んで」「体験して」「お金を
使う」経済行為が，「地域の稼ぐ力」の生や育成につながっていく。たんに地
域資源を発掘するだけでは，地方創生や地域経済活性といえない。潜在する観
光資源や付加価値を見つめ直し，地域でお金を使ってもらうという経済行為に
結びつけていくことが，「地域の稼ぐ力」の再生や育成である。

　生産地をツーリズム化して稼ぐことができれば，図表6-2に示されたように，
企業の利益が増える。企業の利益が増えれば，企業で働く労働者の所得が上が
る。労働者の所得が上がれば地方の平均所得も上がり，利益が出ていて賃金の
良い企業や地域で働きたい労働者が移住してくる。年齢幅を問わず労働者が増
えれば，一時的な人口減少対策になる。しかし，少子化と高齢化を見据える
と，子育て世代や子育て前の若年移住者を多く募りたい。それもコト消費やト

105

図表6-2　生産地ツーリズム化による地域経済循環

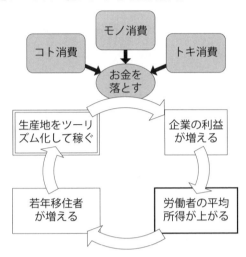

出所：竹田（2021）p.316。

キ消費を通じて波佐見観光のファンになった消費者や，モノ消費を通じて波佐
見焼のファンになった消費者を募りたい。「波佐見」ファンの移住者が増えれ
ば，生産地をツーリズム化して稼ぎ波佐見町での消費額が増え，生産地をツー
リズム化して稼ぐことができれば，企業の利益が増える……という生産地ツー
リズム化による地域経済を循環させるべきである（図表6-2）。

（3）新しい観光形態の産業観光と農業観光

　ニュー・ツーリズム（new tourism）は，マス・ツーリズム（mass tourism）
に対して国土交通省が用いた新しい概念である。ニュー・ツーリズムは地域に
密着した着地型観光であり，ニュー・ツーリズムはこれまでの大衆観光で光が
当たらなかった多品種・小ロット・高付加価値型の個人観光である（河村
2008）。ニュー・ツーリズムとは，従来の物見遊山的な観光に対して，テーマ
性が強く体験型・交流型の要素を取り入れた新しい形態の観光をいう。テーマ
としては，産業観光，グリーン・ツーリズム，エコ・ツーリズム，ヘルス・

ツーリズム，ロングステイなどがあげられ，商品化の際に地域の特性を活かしやすいことから，地域経済活性につながると期待されている（国土交通省観光庁 2010）。これらニュー・ツーリズムの中で，本章と関係するのは，産業観光と，本章冒頭で農業観光とよんだグリーン・ツーリズムである。

　産業観光とは，古い機械器具や工場遺構などの産業遺産，工場や工房など生産現場，産業製品を観光資源とし，それらを通じてモノづくりの心にふれ，人的交流を促進する活動をいう（須田 1999）。「みる」「学ぶ」「体験する」が産業観光であり，産業観光は，①工場見学型，②産地振興型，③一般観光型，④モノ作り人材育成型，⑤リクルーティング型に分類できる（日本交通公社 2007）。

　グリーン・ツーリズムとは，農山漁村地域で，自然，文化，人々との交流を楽しむ滞在型の余暇活動をいう。英国ではルーラル・ツーリズム，グリーン・ツーリズム，フランスではツーリズム・ベール，イタリアではアグリ・ツーリズモと呼ばれている。

　観光スタイルから観光を，①有名観光地や大都市でのマス・ツーリズム（mass tourism），②これまで観光地ではなかった地方都市や農山村でのオルタナティブ・ツーリズム（alternative tourism），③長期滞在であるリゾート活動の3つに区分することもある（原田ほか 2011）。その上で，オルタナティブ・ツーリズムは，a.タウン・ツーリズムとb.グリーン・ツーリズムの2つに分類できる。さらに，グリーン・ツーリズムは，図表6-3のように9つのタイプと27のメニューに分類できる。波佐見でのグリーン・ツーリズムを図表6-3の取り組みタイプから分類すると，①産業観光における波佐見焼ショッピングは，物販・イベント型グリーン・ツーリズム，②産業観光における波佐見焼工房を「みる」は，もてなし型グリーン・ツーリズム，③産業観光にける観光ガイドや職人から地域の歴史や文化を「学ぶ」は，学習型グリーン・ツーリズム，④産業観光における陶土を練りろくろ廻しを「体験する」は，体験型グリーン・ツーリズムに該当する。つまり，グリーン・ツーリズムに産業観光を含めることができる。

図表6-3　グリーン・ツーリズムの取り組み

取り組みタイプ	取り組みメニュー
学習型	山村留学の実施
	自然教室・自然観察会などの実施
	修学旅行・実習の受け入れ
体験型	果樹などの収穫体験
	農林漁業の体験
	農林水産物の加工・調理体験
	モノづくりの体験
	伝統的文化・行事の体験
もてなし型	農家民泊・行事の体験
	村内めぐり・祭りの見学
	交流会・懇親会の開催
	郷土料理などの提供
物販・イベント型	地元でのイベント・大会を開催
	都市でのイベント・物産展へ出展
	特産品・地場産品の地元販売
顧客型	特産品・地場産品の宅配
	広報・PRパンフレットの送付・配布
	田畑・樹木などのオーナー制度
体験施設型	貸し農園・市民農園の整備・運営
	体験施設の整備・運営
一般施設型	宿泊施設の整備・運営
	物産販売施設の整備・運営
	飲食施設の整備・運営
観光施設型	レジャー施設の整備・運営
	休憩・休養施設の整備・運営
	文化施設の整備・運営
施設活用型	空き家・廃校などの利用・斡旋

出所：原田ほか（2011）p.116にもとづき筆者作成。

❷ 長崎県波佐見町の地場産業と観光経済

（1）波佐見町の少子化と高齢化

　長崎県波佐見町（2021年4月末日現在人口14,526人）は，長崎県北部の中

108

山間地域である。5年に1度の国勢調査によれば，波佐見町の人口は，1980年15,498人から1990年15,728人まで微増傾向にあったが，1995年15,565人から2015年現在14,891人まで減少傾向にある。波佐見町の人口は，2015年以降も減り続けて，2045年には11,360人になると予測されている。

　65歳以上が人口に占める高齢化率は，1980年10％から上昇し続け，1990年には14％に達しているので，波佐見町は1990年から高齢化率14％以上の高齢社会にあった。1990年以降も波佐見町の高齢化率は，上昇し続けていて，2005年には23％にまで達しているので，波佐見町は2005年から高齢化率21％以上の超高齢社会に変わっている。2015年現在，波佐見町の高齢化率は29％であり，2045年には37％にまで達すると予測されている。他方，15歳未満が人口に占める比率は，1980年26％から下降し続け，2015年現在，波佐見町の15歳未満が人口に占める比率は14％であり，2025年には13％まで落ち込むと予想されている。

　波佐見町の場合，2000年には，65歳以上の比率が15歳未満の比率を上まわっているので，波佐見町は2000年から少子高齢化社会である。

(2) 波佐見町の稼ぐ力「波佐見焼」

　波佐見町をはじめ日本磁器誕生の地「肥前地域」（佐賀県の唐津市・伊万里市・武雄市・嬉野市・有田町と，長崎県の佐世保市・平戸市・波佐見町）は，2016年，日本遺産「日本磁器のふるさと肥前」に認定されている。『2019年工業統計調査（2018年実績）：品目編』によれば，2018年現在，陶磁製和洋食器465億円の製造品出荷額シェアは，岐阜県48％，佐賀県13％，長崎県11％の順で高く，佐賀県と長崎県を合わせた「肥前地域」の和洋食器出荷額シェアは24％である。NTTタウンページ（2019）によれば，2019年2月12日現在，波佐見町では，やきもの工房148軒，上絵付け工房8軒，石膏製型工房9軒，やきもの商社45軒，陶芸材料7軒，やきもの小売21軒，紙器工房4軒の合計242軒が操業している。

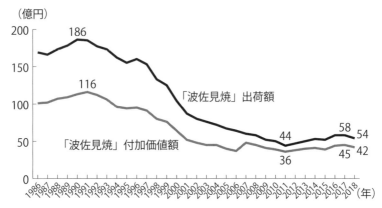

図表6-4 「波佐見焼」生産の製造品等出荷額と付加価値額

（注）図中の波佐見焼は，長崎県波佐見町の「窯業・土石製品製造業/従業員数4人以上の事業所」である。
出所：内閣府「RESAS（地域経済分析システム）」からデータを収集し筆者作成。

①「波佐見焼」生産の製造品等出荷額は，図表6-4に示されたように，1990年186億円が最も高く，1991年から減額傾向にあるが，2012年から2017年まで6年間微増傾向にあり，2017年は58億円であった。2018年現在，「波佐見焼」生産の製造品等出荷額は，最盛期1990年186億円の29％（54億円）まで減額している。

②「波佐見焼」生産の付加価値額も，図表6-4に示されたように，1991年116億円が最も高く，1992年から減額傾向にあるが，2012年から2017年まで6年間微増傾向にあり，2017年は45億円であった。2018年現在，「波佐見焼」生産の付加価値額は，最盛期1991年116億円の36％（42億円）まで減額している。

③「波佐見焼」生産の事業所数は，1991年から減少傾向にあり，2018年現在，最盛期1990年212軒の30％（64軒）まで減少している。前掲NTTタウンページ（2019）のやきもの工房数は，2019年現在148軒である。2018年から2019年にかけて，やきもの工房が64軒から84軒増えて148軒になったというよりも，従業員数4人未満の事業所が84軒以上あり，

従業者数4人以上64軒と4人未満84軒を合わせて，148軒のやきもの工房が波佐見町で操業していると考えるべきであろう。

④「波佐見焼」生産の従業者数は，2012年から2016年まで5年間微増傾向にあるものの，2018年現在は最盛期1986年3,314人の26％（865人）まで減少している。

⑤「波佐見焼」生産の1人あたり付加価値額（＝労働生産性，＝付加価値額/従業者数）は，2007年から2017年まで11年間増額傾向にあり，2018年現在，最衰期1986年305万円の160％（487万円）まで増額している。

⑥「波佐見焼」生産の1人あたり現金給与額（＝年収，＝現金給与総額/従業者数）は，1999年以降，減額傾向にあったが，2016年から2018年まで3年間増額傾向にあり，2018年現在，最盛期1998年239万円の92％（219万円）まで回復している。

「波佐見焼」地場産業について，①製造品等出荷額と②付加価値額は2012年から2017年まで微増傾向，③事業所数は1991年から減少傾向，④従業者数は2012年から2016年まで微増傾向，⑤1人あたり付加価値額は2007年から2017年まで増額傾向，⑥1人あたり現金給与額は2016年から増額傾向にある。日本国内には日用品の生産地が578箇所ある（「全国の産地：2015年度産地概況調査結果」p.3）。日本国内に578箇所ある日用品の生産地のなかで，ここ直近で，製造品等出荷額・付加価値額・従業者数が5年以上微増傾向にある生産地は，数えるほどであろう。

(3) 波佐見町の稼ぐ力「波佐見観光」

『長崎県観光統計』（長崎県観光振興課）において，観光客とは，地元・県内・県外の日帰り客と宿泊客の延数合計である。波佐見町の観光客数は，図表6-5左目盛りに示されたとおり，1997年41万人から増加し続け，2019年現在，103万人に達している。しかし2017年以降，波佐見町の観光客数は，2017年104万人・2018年104万人・2019年103万人と，2017年から2019年まで横ば

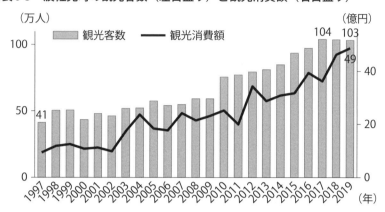

図表6-5　波佐見町の観光客数（左目盛り）と観光消費額（右目盛り）

（注1）図中の観光客は，地元・県内・県外の日帰り客と宿泊客の延数合計である。
（注2）図中の観光消費額は，交通費・宿泊費・お土産代他・飲食娯楽費の合計額である。
出所：長崎県観光振興課（1998;2020）『長崎県観光統計』各年から筆者作成。

いである。波佐見町の観光消費額は，図表6-5右目盛りに示されたとおり，
1997年9億円から増加し続け，2019年現在，49億円に達している。波佐見町
の観光消費額は，1997年から2019年まで増額傾向にある。観光客数と観光消
費額から，現在の波佐見町は「観光のまち」ともいえよう。

　波佐見観光の1人あたり消費額は，2011年2,580円に著しい落ち込みはある
ものの，1997年2,269円から2019年現在4,703円まで増額傾向にある。波佐
見観光の2019年1人あたり消費額4,703円の内訳は，波佐見焼購入費などのお
土産代ほか2,978円（63％），交通費765円（16％），飲食娯楽費691円（15％），
宿泊費269円（6％）である。1人あたり消費額とその内訳から，消費者は，
波佐見町へきて，くらわん館（波佐見町井石郷）や，南創庫（波佐見町井石
郷・西の原工房内）などで「波佐見焼」をお土産に購入し，氷窯アイスこめた
ま（波佐見町井石郷・西の原工房内）や，にぎりめしかわち（波佐見町井石
郷・西の原工房内）などで軽食をとっていると推察する。

(4) 波佐見町の稼ぐ力分析

　特定地域でモノやサービスの相対的な生産費用が安くなることを比較優位があるという。付加価値額特化係数は，（j地i産業の付加価値額/j地全産業の付加価値額）／（国内i産業の付加価値額/国内全産業の付加価値額）で求められる。付加価値額特化係数が1を超えていれば，比較優位があるとみなす。

　比較優位があるとみなす波佐見町の付加価値額特化係数は，窯業・土石製品製造業22.6，その他の卸売業（陶磁器・ガラス器卸売業）4.1，パルプ・紙・紙加工品製造業3.5，社会保険・社会福祉・介護事業3.5，木材・木製品製造業2.4の順で高かった。

　地域外を主な販売市場としている移出産業が基盤産業であり，地域内を主な販売市場としている非移出産業が非基盤産業である。企業従業者特化係数は，（j地i産業の企業従業者数/j地全産業の企業従業者数）／（国内i産業の企業従業者数/国内全産業の企業従業者数）で求められる。企業従業者特化係数が1を超えていて，かつ移出産業であれば，基盤産業であるとみなす。

　基盤産業であるとみなす波佐見町の企業従業者特化係数は，窯業・土石製品製造業45.0，情報通信機械器具製造業32.6，その他の卸売業（陶磁器・ガラス器卸売業）5.4，パルプ・紙・紙加工品製造業4.3，木材・木製品製造業2.7の順で高かった。

　先に取り上げた波佐見焼に関連する事業所242軒の中で，やきもの工房148軒・上絵付け工房8軒・石膏製型工房9軒が「窯業・土石製品製造業」，やきもの商社45軒・陶芸材料7軒が「その他の卸売業（陶磁器・ガラス器卸売業）」，やきもの小売21軒が「その他の小売業（陶磁器・ガラス器）」，紙器工房4軒が「パルプ・紙・紙加工品製造業」に該当する。

　上述の付加価値額特化係数（比較優位がある産業）をY軸，企業従業者特化係数（基盤産業）をX軸に取り，第1象限に位置する産業が「地域の稼ぐ力」である。第1象限に位置する中でも，xとyの正の値が最も大きい産業（最も右上に位置する産業）が地域最大の「稼ぐ力」移出産業である。波佐見町最大の「稼ぐ力」は，図表6-6に示されたように，「窯業・土石製品製造業（45.0,

図表6-6　地域の稼ぐ力（波佐見町，2016年）

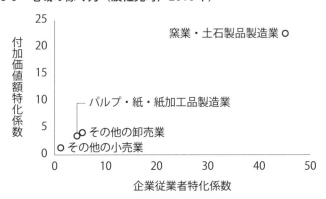

（注1）「その他の卸売業（中分類55）」には，陶磁器・ガラス器卸売業（細分類5515）が含まれている。
（注2）「その他の小売業（中分類60）」には，陶磁器・ガラス器小売業（細分類6023）が含まれている。
出所：内閣府「地域経済分析システム（RESAS）」からデータ収集し筆者作成。

22.6）」である。いまなお波佐見町が「波佐見焼」生産地であることを強く示している。

（5）「波佐見」ブランドの誕生と浸透

　江戸時代，波佐見町で生産されたやきもの（まだ「波佐見焼」の名称は存在していない）は，伊万里港から「伊万里焼」の名称で日本中に出荷されていた。明治近代以降の波佐見町で生産されたやきものは，「有田焼」の名称で有田駅から日本中に出荷された。2004年ごろまで，有田町で高級食器「有田焼」を生産し，波佐見町で日用食器「有田焼」を生産し続けてきた。しかし2004年に転機が訪れる。2004年に魚沼産コシヒカリ偽装表示事件や讃岐うどん偽装表示事件などの産地偽造問題が起こり，波佐見町で生産するやきものを「波佐見焼」の名称で出荷するように変えた（小林ほか 2021）。「波佐見焼」ブランドが確立するまで10年近くかかり，図表6-4でみたように，「波佐見焼」が売れだしたのは，2012年以降である。特筆すべきは，2021年現在，波佐見焼

図表6-7　波佐見観光での食器購入額

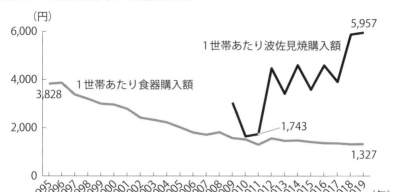

（注1）図中の波佐見焼購入合計額は，『長崎県観光統計』から算出した波佐見町観光客1人あたり消費額「お土産代ほか」に2名を乗算して1世帯とした。

（注2）図中の食器購入合計額は，『家計調査年報：家計収支編』「二人以上の世帯」の「茶わん・皿・鉢（510）」購入合計額である。

出所：長崎県観光振興課（2010；2019）『長崎県観光統計』各年と総務省『家計調査年報』から筆者作成。

マグカップがApple Inc.公式グッズとして売られていることである。Apple Inc.公式グッズ限定品のマグカップには，Appleロゴマークと「JAPAN HASAMI PORCELAIN（日本・波佐見・磁器）」が刻まれている。Apple Inc.公式グッズの波佐見焼マグカップは，米国カリフォルニア州クパチーノ市にあるApple Inc.公式グッズ販売店のApple Infinite LoopとApple Park Visitor Centerでしか買うことができない「トキ消費」である。

　1世帯あたりの年間食器購入額と個数は，図表6-7に示されたように，1996年3,828円・6個から2019年1,327円・3個まで低下している。他方，波佐見町へやってくる消費者1世帯あたり波佐見焼購入額は，2011年1,743円から2019年5,957円にかけて上昇していて，波佐見焼が，2012年以降，急速に売れている。消費者は，波佐見町にやってきてモノ（波佐見焼）を購入していて，波佐見観光のモノ（波佐見焼）消費が伸びている。

　モノ（波佐見焼）消費の伸びは，ふるさと納税額にも表れている。ふるさと

納税総合サイト「ふるさとチョイス」（https://www.furusato-tax.jp/）によれば，波佐見町の2019年度ふるさと納税返礼品1,421品のうち，波佐見焼が86％（1,215品）を占めている。波佐見町のふるさと納税額は，2016年0.5億円から2019年14.0億円まで急激に増えている。日本遺産「日本磁器のふるさと肥前」の中から，磁器の生産地「有田町」「伊万里市」「波佐見町」のふるさと納税額を比較する。2019年度のふるさと納税額は，伊万里市17.1億円（77,735件），波佐見町14.0億円（49,815件），有田町9.6億円（19,671件）の順で高かった。2019年度住民1人あたり（2019年1月1日現在）のふるさと納税分配額は，波佐見町住民1人あたり95,968円，有田町住民1人あたり47,889円，伊万里市住民1人あたり31,065円であり，住民1人あたりのふるさと納税分配額は，波佐見町が最も高い。関係人口とは，移住した定住人口でもなく，観光に来た交流人口でもない，地域や地域の人々と多様に関わる人々をいう（総務省地域力創造グループHP・https://www.soumu.go.jp/）。ふるさと納税額の伸びは，モノ（波佐見焼）消費の伸びだけではなく，関係人口増加の表れでもある。

❸ まとめ

　本章で取り上げた「波佐見焼」地場産業などの「地域の稼ぐ力」は，その土地ならではの魅力であり，地域経済を支える大きな柱である。新しいモノやサービスが生まれては，注目を集めている。新しいモノやサービスは，私たちの生活を豊かにしてくれるが，「地域の稼ぐ力」である移出産業を再生や育成しなければ，どこの地域も似たような場所になり，地域に魅力が感じられなくなってしまう。他の地域と差別化するためにも，地場産業，観光産業，農林漁業などの「地域の稼ぐ力」は必要不可欠である。長崎県波佐見町のように，新しいモノ（本章では波佐見焼）や新しいサービス（本章では産業観光や農業観光）を取り入れた「地域の稼ぐ力」の再生や育成に取り組むべきである。

1. 任意の地域について，図表6-4や図表6-5を参考に，地場産業，観光産業，農林漁業などの推移を調べて，「地域の稼ぐ力」を考えてみよう。

2. 任意の地域について，図表6-6を参考に，付加価値額特化係数と企業従業者特化係数を調べて，「地域の稼ぐ力」を考えてみよう。

【参考文献】

NTTタウンページ（2019）『2019長崎県佐世保・平戸地区版』

河村誠治（2008）『新版観光経済学の原理と応用』九州大学出版会

経済産業省（2020）『2019年工業統計調査：品目編』経済産業調査会

日本交通公社編（2007）『産業観光への取り組み』日本交通公社

国土交通省観光庁（2010）『ニュー・ツーリズム旅行商品創出・流通促進ポイント集2009年版』

小林善輝・竹田英司・井手修身（2021）「グリーン・クラフト・ツーリズムの歩みと取り組み」児玉盛介ほか『笑うツーリズム：HASAMI CRAFT TOURISM』石風社，pp.286-321

産業観光推進会議（2014）『産業観光の手法：企業と地域をどう活性化するか』学芸出版社，p.230

JTB総合研究所（2018）「地場産業・伝統産業品への意識についての調査」

須田寛（1999）『産業観光：観光の新分野』交通新聞社

総務省統計局（2020）『2019家計調査年報：家計収支編』日本統計協会

竹田英司「なぜいまグリーン・クラフト・ツーリズムなのか」児玉盛介ほか『笑うツーリズム：HASAMI CRAFT TOURISM』石風社，pp.286-321

原田順子・十和田朗（2011）『観光の新しい潮流と地域』放送大学教育振興会

内閣府「地域経済分析システム（RESAS）」
https://resas.go.jp/

長崎県観光振興課（1981;2020）『長崎県観光統計』長崎県観光振興推進本部

日本総合研究所（2016）「全国の産地：2015年度産地概況調査結果」

竹田英司

地場産業と伝統産業の違い

　日用品を生産する地場産業の中でも，100年以上続く生産方法で民芸品や工芸品を作るのが伝統産業である。例えば，有田焼には，①経済産業大臣指定伝統的工芸品「伊万里・有田焼」，②経済産業大臣指定伝統的工芸品に該当しない地場産品「有田焼」，③生産地を指す有田町産の「有田焼」という3種類の「有田焼」が混在する。伝統的工芸品産業の振興に関する法律（1974年交付・1992年と2001年一部改正，通称・伝産法）第2条による「経済産業大臣指定伝統的工芸品」の要件は次のとおりである。①主として日常生活の用に供されるものであること。②その製造過程の主要部分が手工業的であること。③伝統的な技術または技法により製造されるものであること。④伝統的に使用されてきた原材料が主たる原材料として用いられ，製造されるものであること。⑤一定の地域において少なくない数の者がその製造を行い，またはその製造に従事しているものであること。以上のように，伝産法に基づき，100年以上続く「伝統的」製法で，一定数の生産者によって作られた民芸品や工芸品が「経済産業大臣指定伝統的工芸品」である。

期間限定の工房開放化と訳あり商品特売

　近年，地場産業の生産地では，工房のショップ化（製造小売化）や工房の開放化（オープン・ファクトリー化）によって，消費者が「きて」「みて」「学んで」「体験して」「お金を使う」経済行為の提供に取り組んでいる。工房のショップ化や工房の開放化は，金属食器生産地の新潟県燕市と新潟県三条市，ハンドバッグと小物入れ生産地の東京都台東区や東京都墨田区でみられる。新潟県燕市と新潟県三条市では「工場の祭典」（第1回2013年10月），東京都台東区では「台東モノマチ」（第1回2011年5月），東京都墨田区では「墨田スミファ」（第1回2012年11月）という期間限定の工場開放化が開催されている。

　JTB総合研究所（2018）では，webアンケート調査（回答数1,595）から，「燕三条工場の祭典」「台東モノマチ」などの知名度と訪問回数を調べ，消費者は「生産地で歴史や技の背景を聞き，見学したい」（複数回答・47％）という調査結果を得ている。

　期間限定の工場開放化は，その時・その場でしか味わえないコトやモノに価値を感じてお金を使う「トキ消費」の一種である。佐賀県有田町の「有田陶器市」（第1回1915年・2018年観光客数124万人），岐阜県土岐市の「土岐美濃焼まつり」（第1回1976年・2019年観光客数14万人），長崎県波佐見町の「波佐見陶器まつり」（第1回1959年・2019年観光客数30万人）もトキ消費の一種で，期間限定の訳あり商品特売（アウトレット・セール）が開催されている。

第7章
テレワークとサテライトオフィス

❶ はじめに

　日本の社会・経済は，少子高齢化・人口減少，経済の低成長，社会保障費の増大，財政問題等，多くの課題に直面している。特に，地方都市においては，日本全体の課題を先取りする形で，人口減少，地域経済の疲弊，中心市街地の空洞化，地域コミュニティの弱体化，公共交通の衰退といった問題が顕在化し，自治体消滅の危機が取りざたされている（梅村 2019a）。そうした中，新型コロナウイルス感染症（以下，新型コロナウイルス）が発生し，日常生活が脅かされる事態となった。

　新型コロナウイルスは，2019年12月に中国・武漢市で「原因不明のウイルス性肺炎」として確認されて以降，世界的に感染が拡大し2020年3月11日にWHO（世界保健機関）が「新型コロナウイルスはパンデミックと言える」と述べるに至った。わが国においても，2月25日に政府により新型コロナウイルス感染症対策の基本方針が決定，3月26日に政府対策本部が設置され，4月7日には新型インフルエンザ等対策特別措置法（以下，特別措置法）に基づく緊急事態宣言が発出された。5月25日には全面解除されたものの，世界的な流行は継続しており収束の目処は立っていない。企業活動や市民生活においては政府による要請はもちろんのこと，全国の地方公共団体からも通勤ラッシュの回避や学校の休校，イベント自粛，不要不急の外出を控える等の要請がなされるなどし，新型コロナウイルス感染症の流行は情報流通をはじめデジタル経済にも大きな影響を及ぼしている（総務省 2020）。

　そうした中，新型コロナウイルスの感染拡大を機に，地方移住への関心が高まっている。都市部での生活や働き方を見直したり，テレワークの導入が進ん

だりしたことが背景にあるとみられる。大規模な相談会やイベントの開催が難しい中，オンラインを活用し，相談件数を大きく増やしている自治体もある。本章では，地方都市に立地するサテライトオフィスを事例に，企業の働き方改革も含めデジタル社会に向けたテレワークの可能性について考察する。

❷ 新型コロナの拡大と地方都市への関心拡大

地方移住を検討している方は，一定程度存在している。新型コロナウイルスの感染拡大は，そうした方々に加え新たな層として地方移住を検討する機会にもなった。それらは都市部での生活や働き方を見直したり，テレワークを導入する動きが活発化したことが背景にあるとみられる。大規模な相談会やイベントの開催が厳しい中，オンラインを活用し，相談件数が大きく増えている九州の自治体もある。また，受け入れ環境の整備に乗り出す自治体も出ているが，感染収束は見通せず，受け入れに抵抗感がある地域の不安解消も課題となっている。

2019年8月に熊本県が実施したオンライン移住セミナー・相談会では，関東在住者を中心に9組が参加し，県内5市町村が地域魅力の説明を行った。九州各県によると，地方回帰の流れを受け，移住相談は近年増加傾向だが，今年は政府の緊急事態宣言が段階的に解除された2020年5月下旬から動きが活発化し始めた。6 ～ 7月は，福岡県が前年同期比1.58倍の768件，大分県は同1.45倍の171件，長崎県は同1.42倍の176件となっている。一方，福岡県は「コロナ流行後，相談件数は明らかに増えており，移住を検討していた人が現実味を持って考えるようになったのだろう」と分析されている。また，鹿児島県は件数こそ伸びていないものの，「相談内容は以前より濃く，具体的な問い合わせが増えている」と大きな期待を寄せている（2020年8月31日，西日本新聞）。また，企業経営者からこうした動きに賛同する声も出ている。ポストコロナの働き方として「テレワークをどんどん取り入れれば，劇的な変化が起きる。企業は通勤手当をなくす代わりに給与を上げるほか，サテライトオフィ

スを作るなど抜本的に環境を改善すべき」と指摘されている（梅村 2019b）。

❸ 働き方改革とサテライトオフィス

（1）働き方改革

　2018年6月に「働き方改革を推進するための関係法律の整備に関する法律（働き方改革関連法案）（以下，同法）」が成立した。同法は，働く方々がそれぞれの事情に応じた多様な働き方を選択できる社会を実現する働き方改革を総合的に推進するため，長時間労働の是正，多様で柔軟な働き方の実現，雇用形態にかかわらない公正な待遇の確保等のための措置を講じることを目指している。総務省（2017a）における企業アンケートでは，働き方改革に取り組む目的として，「人手の確保」（47.9％），「労働生産性の向上」（43.8％）が上位に示されている。「平成30年版情報通信白書」によると，時間や場所を有効に活用できる柔軟な働き方であるテレワークは，企業にとっても従業員にとっても様々なメリットがあるとされている。企業側には，産業競争力の維持・向上や人材の離職抑制・就労継続支援の創出などの効果が期待でき，従業員側にはワーク・ライフ・バランスの向上や仕事全体の満足度向上と労働意欲の向上などの効果が期待できると示されている。また，テレワークの分類（雇用型）として，在宅勤務，モバイルワーク，サテライトオフィスがある。

　総務省（2017b）によれば，既に働き方改革に取り組んでいる企業が全体の13.1％，今後取り組む予定の企業が2.9％，検討中が12.5％と，働き方改革に前向きな企業が全体の28.5％となっており，反対に取り組むつもりがない企業が67.0％を占めている。規模別にみると，規模の大きな企業（従業員300人以上，売上高100億円以上）において働き方改革の取り組み割合が最も高く，また設立年でみると，比較的若い企業（設立～10年）における働き方改革の取り組み割合の高さが顕著に確認できる。業種別では，「サービス業」における働き方改革の取り組みの割合が高く，中でも「広告・調査・情報サービス業」，「その他の事業サービス業（民営職業紹介業，宣伝物制作サービ

等）」，「専門サービス業（法律事務所，経営コンサルタント等）」における取り組みの割合が高くなっている。

　こうした背景に加え，新型コロナ感染拡大の影響により，テレワークについては導入が進展し，2020年12月時点で全国21.5%，東京都23区42.8%，地方圏14.0%と高い傾向を示している。また，就業者全体の4割弱が今後も何らかの形でテレワークを実施することを希望しているとされる（内閣府2020）。

(2) サテライトオフィスの立地

　全国でサテライトオフィスの立地が進んでおり，地方都市から都会中心部まで，その形態も含め幅広く進展している。また，全国的に生産年齢人口の減少を背景とする働き手の不足が大きな課題となっている。働き手の不足は，都市の経済成長の低下のみならず，市民の生活の質の低下をもたらす可能性がある。財務省（2018）によれば，全国において，人手不足感ありと回答した企業の割合は，67.0%（平成28年度調査）から71.0%（平成29年度調査）へと4ポイント増加した。また，人手不足の要因として「採用が進まない」（59%程度），また人手不足により生じた負担として超過勤務の発生等「従業員の負担増」（57%程度）を挙げる企業が多いと指摘している。本章にて取り上げる徳島県神山町は，こうした中，山間部にIT中小企業のサテライトオフィスの立地を起因として，町が活性化しつつある地域として大きく注目されている。背景として情報通信技術の発達によって，社員を一つ所に集約する必要性が低くなっていることが挙げられる。また，働き方改革が注目される中で，良好な勤務・居住環境の確保という面でも，大都市にオフィスを構えることが就業者にとって必ずしも好ましいとは言えない。一方，地方都市では，豊かな自然環境等の中での勤務が可能になることや職住近接が容易になることで仕事とプライベート双方にとってプラスとなるという面や，災害時におけるリスク分散等の面がメリットとして指摘されている（土地総合研究所2018）。

（3）サテライトオフィスの活用促進

　サテライトオフィスの定義は，「（オフィスの管理主体や活用形態を問わず）都市部の企業等が本拠から離れたところに設置する遠隔勤務のためのオフィスの総称」とされている。では，なぜ，昨今地方都市にサテライトオフィスが立地しているのであろうか。地方都市の厳しい財政事情等から，大規模投資の事業ではなく，空き家や空き工場，廃校跡などを活用したサテライトオフィスであれば比較的小規模な予算で整備することも可能である点や，立地要件として必ずしもその利便性や人口動態，産業の集積状況に影響されない点が考えられる。また，国によるサテライトオフィスの立地促進策も実施されている。例えば，総務省（2017b）は2016・2017年度に「お試しサテライトオフィス」モデル事業を実施し，2018年度からはサテライトオフィス誘致の取り組みに対して特別交付税措置を講じている。次に，厚生労働省は，2014年度よりテレワーク（在宅勤務又はサテライトオフィス勤務）に取り組む中小企業に対する助成金を設けており，2018年度から対象労働者1人当たりの支給額上限が拡充されるなど充実を図っている。国土交通省においても，「働き方改革を支える今後の不動産のあり方検討会」が立ち上がるなど，サテライトオフィスの活用促進が提案されている。また，都道府県・市町村によるサテライトオフィスの誘致策としては，本章で取り挙げる和歌山県以外でもサテライトオフィスの入居スペースの整備や民間企業によるサテライトオフィス整備に対する助成なども充実しつつある。

（4）サテライトオフィスの導入状況

　次に，サテライトオフィスの導入状況について以下に示す。総務省（2017c）によれば，サテライトオフィスを既に導入している企業が7.8％，導入検討中が4.2％，検討していないが興味はある企業が15.7％となっており，サテライトオフィスに前向きな企業が，全体の27.5％となっている。規模別にみると，働き方改革の取り組み同様に規模の最も大きな企業（従業員300人以上，売上高100億円以上）においてサテライトオフィスに前向きな企業の割合が高い

一方，それ以外においては，おおむね，規模の小さい企業ほど既に導入あるいは導入検討中などサテライトオフィスの導入に前向きな企業の割合が高くなっている。業種別にみると，サテライトオフィスを既に導入している割合，あるいはサテライトオフィスに前向きな割合いずれも「サービス業」が高くなっており，それぞれ，全体の11.0％，36.0％となっている。中でも，「広告・調査・情報サービス業」では既に導入している企業が16％で，サテライトオフィスに前向きな企業が約半数となっている。次いで，「専門サービス業（法律事務所，経営コンサルタント等）」「その他の事業サービス業（民営職業紹介業，宣伝物制作サービス等）」における割合が高くなっている。全体としては，導入目的等について，「従業員の働き方の多様化」を挙げる企業が最も多く（54.3％），ついで，「業務効率の向上」や「従業員の移動時間，拘束時間の短縮化」を挙げる企業が多いと指摘されている（総務省 2017b）。

❹ サテライトオフィスの集積要因

(1) 徳島県のサテライトオフィス

　徳島県にて最初にサテライトオフィスの集積が始まったのは，山間部に位置する神山町であることは前述したが，これにより徳島県におけるサテライトオフィス開設の動きが全国から先進事例として注目を集めることとなった。徳島県におけるサテライトオフィス開設は，2010年よりブームの様相を呈したが，2014年から減少傾向を示した。しかし，2016年には大幅な増加に転じ，2017年には過去最高の14社を記録した（図表7-1参照）。サテライトオフィスが集積している地域は，神山町だけではなく，海側の美波町，山間部のにし阿波地区（三好市・美馬市・つるぎ町・東みよし町）の3地域もある。特に2017年に，にし阿波地区の大幅な増加となっている。この要因は，2016～2017年度に総務省「おためしサテライトオフィス」プロジェクトに徳島県が採択団体に選定されたことによる影響が大きいとされる。

　サテライトオフィスの効果について，荒木・井上（2018）では①雇用創出

図表7-1　徳島県におけるサテライトオフィスの新規開設数推移 （2018年2月現在）

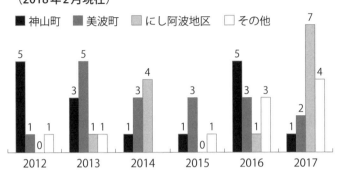

出所：荒木・井上（2018）p.50を一部修正。

効果，②若者の移住などによる地域活性化，③街の景観と地域ブランドの向上，④サテライトオフィス企業による地域の課題解決の取り組みの動きなど，様々な効果が地域にもたらされているとしている。

（2）神山町の概要

　神山町は，徳島県東部の名西郡（神山町・石井町）に属し，徳島県の中心地（徳島県庁）まで車で約45分という位置である。町面積は，徳島県内24自治体の中で9番目に大きい173.30平方キロメートル，町の中央を東西に横断する鮎喰川上中流域に農地と集落が点在し，その周囲を町域の約86％を占める山々に囲まれている。総人口は，5,097人（2021年3月31日現在）であり，1960年代初頭から見ると人口が約70％減少している。主な産業は杉・ヒノキを中心とした林業と，日本一の生産高を誇るスダチを中心とした農業である。神山町の財政状況（2018年度決算，総務省資料）は他都市に比べて実質公債費率2.0％と健全ではあるが，その歳入を地方交付税（42.0％），国庫支出金（6.8％）に頼っている現状にある。また，町の財政の強さを示す財政力指数は，0.22であり徳島県内市町村平均0.41を大きく下回っていることからも将来的に財政状況の見通しは厳しい。

125

さて，神山町は雑誌「ForbesJapan」2017年6月号において，独創的なまちづくり，革新的な挑戦を続ける都市「イノベーティブシティ」として，見事第二位に輝くほどそのまちづくりについて高い評価も得ている。その理由は，「"地方創生×働き方改革"に先鞭をつけたモデル。自然に囲まれ，古い民家でPCを開いて仕事をしている映像から発せられるギャップが，田舎でもIT事業やクリエイティブな仕事が可能だというメッセージを鮮烈に発信した。新しい働き方，企業のサテライトオフィスのあり方，ソーシャルワークなどを考えるモデルになった」と紹介されている。

(3) サテライトオフィスの発生

神山町のサテライトオフィス集積のきっかけとなったのは，2008年，徳島市出身の建築家・東京芸術大学教員がWEBサイト「イン神山」を見て，この地域の雰囲気に興味を持ち，訪ねてきたことから始まる。2010年に町内の長屋の改修工事が始まり，建築家仲間からの紹介でSansan㈱（名刺管理サービス業）が神山町を知ることとなった。その後，IT環境が整備されていること，新しい働き方を実現する場所だと確信し，2010年10月グリーンバレーから紹介された築70年の古民家にサテライトオフィス「神山ラボ」（社員3名体制）を開設した。また，こうした動きが，NHKの情報番組に紹介され，大きくクローズアップされることになった（図表7-2参照）。

次に，その後のサテライトオフィスの展開例を紹介する。東京・恵比寿に本社があるメタデータ（番組詳細情報）の最先端企業である㈱プラットイーズが2013年7月に開設した。築90年の古民家，蔵，土地を2012年の11月に購入し，20年間も空き家になっていた物件を翌年から半年かけてリノベーションした大きな縁側が特徴な大変素晴らしいオフィスである。外観は古民家だが，オフィス内は最先端な場所となっており，外から中が見えるように全面ガラス張りでもある。また，町にとって大きなインパクトを与えたことは，約20名の新規雇用の創造とともに，町の若者にとって魅力的な職場が誕生したことにある。なお，Sansan㈱，㈱プラットイーズには，誘致のための公的な補助金

等の支出はなく，驚くことに全て企業側の意向で集積が進んでいるのである。また，こうしたIT中小企業を支える技術者の中には，徳島県に本社を有するソフトウエア開発企業「ジャストシステム」からの転職者もいる。一方で，求める人材は地方都市にはそう多くはない現実もある。

図表7-2　神山町の立地理由

○**抜群なインターネット環境** 　立地要件として必然のICT環境が徳島県により整備され，本社や顧客とスムーズに情報共有できる
○**民間（NPO）が主導であること** 　民間が移住者やサテライトオフィスを検討する企業へのサポートを主導
○**多様性の尊重，寛容であること** 　行政の関与が少なく，アイデアキラーの少ない地域。お遍路文化の由縁から，他者には寛容な地域性を保有

出所：筆者作成。

（4）神山町への進出企業：㈱プラットイーズ

① 立地要因

　㈱プラットイーズは，2001年にテレビ番組や映像コンテンツの情報に関する業務運用や放送システムの開発，放送業務運用等を幅広く行う，ITベンチャー企業として起業された。そのオフィスは，「えんがわオフィス」と称されている古民家を改装したガラス張りの洒落た建物である。四方には大きな縁側が張り巡らされており，地元の方とのコミュニケーションの場にもなっている。また，同オフィスは，プラットイーズのサテライトオフィスであるとともに，神山町を本社として設立された4K，8K映像のデジタルアーカイブ事業を行う「株式会社えんがわ」の社屋でもある。開設のきっかけは，2011年に発生した東日本大震災か浮き彫りにした課題の1つである「災害時の事業継続」への対応であった。東日本大震災以降，多くの企業か取引先などに事業継続計画（BCP：Business Continuity Plan）の策定を求めるようになった。プラットイーズも，大手放送局などと取引があったため，BCPを策定し，東京のオフィスか被災しても業務か続けられるように拠点を分散する必要に迫られてい

た。そうしたことから，北海道から南は沖縄まで，日本全国を20箇所以上巡り，選択したのが神山町であった。その理由として，一つ目は全体的に見ると田舎だけど都会みたいに何かを始めたりやめたりすることの自由度の高さを感じたこと。2つ目は，誰でも受け入れる多様性があったこと，外部の人を受け入れる懐の深さを感じたからである。

　なお，㈱えんがわは，サテライトオフィスとして立地した企業のなかで，神山町に初めて本社を設立した企業である。今後，このようにサテライトから開発拠点化していく企業の形が期待されている。

② 働き方とライフスタイル

　同社におけるサテライトオフィスの役割の一つとして，働き方の選択肢の創造でもあった。オフィスではプラットイーズの社員とえんがわの社員合わせて18名（うち徳島県出身12名）が常時働いており，東京のオフィスで働く社員が神山町に来て，短期出張という形態も日常である。また，同社においてサテライトオフィスでも本社でも仕事内容は変わらず，サテライトオフィスと本社の役割分担も特にはない。さらに，給与も昇進も東京にいるメンバーと全く同じとのことである。こうした条件をもとに社員自らが勤務地を選択するシステムとなっている。つまり，働き方改革とは，一人一人にあった働き方を提供できるシステムの構築なのかもしれない。一方で，働き方（場所）は社員自身が決める，つまりライフスタイルの選択こそが重要であり，そのためにサテライトオフィスが存在していると，㈱プラットイーズの取締役会長，隅田徹氏は語っている。また，このオフィスを選んだ者同士は，気が合い，良好な関係であるとのことであった。一般の組織は，アトランダムに作られているが，趣味嗜好や考え方が合致しあう者同士の組織は，スムーズに物事が理解されていることもサテライトオフィス設置の利点となっているようである。

　次に，サテライトオフィス開設効果として，狙いのひとつでもあった人材の確保がある。「若い人ほどむしろ『地方のいい環境で働きたい』という志向が強く，当社での働き方に興味を持ってくれている」とのことである。同オフィ

図表7-3　㈱プラットイーズ神山ラボ

出所：筆者撮影。

スにいる社員も，多くが最初からここで働きたいと希望して入ってきた社員であり，神山町出身の社員（5名）や徳島県にUターンで戻ってきた社員も複数名おり，地元に雇用を生み出す効果も出ている。

図表7-4　神山町サテライトオフィス開設企業一覧（2018年10月末現在）

	会社名	本社	開設時期	主な業務
1	Sansan㈱	東京都渋谷区	2010/10/1	名刺管理サービス
2	㈱ダンクソフト	東京都中央区	2012/3/1	webデザイン
3	ブリッジデザイン	徳島県神山町	2012/3/1	webデザイン
4	㈱ソノリテ	東京都江東区	2012/5/11	システムコンサルティング
5	キネトスコープ社	徳島県神山町	2012/10/27	ホームページの企画・作成
◎ 6	ドローイングアンドマニュアル㈱	東京都世田谷区	2013/7/1	グラフィックデザイン
7	㈱プラットイーズ	東京都渋谷区	2013/7/1	映像コンテンツ
8	㈱えんがわ	徳島県神山町	2013/7/1	映像アーカイブ
9	㈲リビングワールド	東京都杉並区	2014/8/1	デザイン業務

◎	10	JAZY国際特許事務所	東京都港区	2015/2/25	特許業務
	11	㈱パイロット	東京都渋谷区	2016/5/9	webデザイン
	12	TERADA 3D WORKS	東京都目黒区	2016/9/8	モデリング教材開発
	13	MORIGCHOWDER	徳島県神山町	2016/9/8	グラフィックデザイン
	14	㈲ブイツシュグローブ	東京都港区	2016/9/8	デジタルシステムの開発・運営
	15	㈱モノサス	東京都渋谷区	2016/11/11	マーケティングコンサルティング
	16	㈱代官山ワークス	東京都渋谷区	2017/5/8	ファーマーズマーケットの企画・運営

(注)◎は循環型（常駐スタッフを置かない）サテライトオフィス。
出所：荒木・井上（2018）を参考に筆者作成。

❺ ワーケーション

（1）柔軟な働き方

　近年，日本型ワーケーションと呼ぶべき動きが活発化している。代表例としては，日本航空が2017年7月にプレスリリースした『JALは，テレワークを推進し，働き方改革を進めます〜「ワーケーション」など新たな働き方に取り組みます』であろう。具体的な効果として，①休暇先（旅先）で仕事をするという新たな働き方により，早朝や夕方以降の時間を社員が自由に過ごすことで，業務への活力につなげること。②ワーケーションにより，旅行の機会を増やし，家族と過ごす時間が増えることを期待。③地方で開催されるイベントなどに積極的に参加することで地域の活性化の一助とするとある。

　日本型ワーケーションについて言及している田中・石山（2020）によると，ワーケーションとは，「仕事（work）と休暇（vacation）を組み合わせた欧米発の造語であり，テレワークの活用などにより，リゾート地や地方等の普段の職場とは異なる場所で働きながら休暇取得等を行うもの」（天野 2018）と説明されている。つまり，休暇期間中にも一定の仕事をする，あるいは仕事期間中に平行して休暇を取得することができる仕組みと理解されているが，欧米においてワーケーションという概念は，むしろ仕事と余暇の不安定さを惹起

し，個人のストレスを増大させ，仕事自体も非効率になるなど否定的な文脈で
実務的に紹介されてきたと指摘している。しかし，日本ではワーケーション
を働き方改革による労働時間の減少や柔軟な働き方による余暇時間の増加とい
う観点から肯定的に捉え，特にワーケーション市場の拡大による関係人口の増
加と地域活性化や事業化の可能性への期待が大きい。

　JTB総合研究所・日本国際観光学会ワーケーション研究部会のシンポジウム
において，日本のワーケーションを類型化し4つのタイプが示された。それは，
①休暇活用型，②ブリージャー，③日常埋め込み型，④オフサイト会議・研修
型の4タイプである。

　休暇活用型は，休暇途中に仕事を織り込むスタイルで，休暇を楽しむことが
メインとなるもの。日常埋め込み型は，自由度が高い場所で仕事し，日常と非
日常を織り交ぜることができるもの。ブリージャーは，ビジネスとレジャーを
合わせた造語であり，出張前後に観光要素を付け加えるもの。オフサイト会
議・研修型は，環境を変えて研修を実施するものと示されている。

(2) ワーケーションの先進地：和歌山県白浜町

　次に，ワーケーションの先進地を紹介したい。温泉地として有名な和歌山県
白浜町に，国内外からIT企業などが次々と進出している。情報通信技術（ICT）
を活用し，時間や場所の制約を受けず柔軟に働く「テレワーク」の拠点施設と
して，和歌山県及び白浜町が2箇所（貸事務所計13室）は満室状態である。
特に，都会のオフィスを離れ，リゾート地など環境の良い場所に滞在しながら
仕事をするといったスタイル「ワーケーション」をキーワードにしているのが
特徴である。

　企業誘致は，わが国のほとんどの自治体で取り組まれている産業政策である
が，和歌山県及び白浜町のように，企業の従業員のライフスタイルに着目した
立地戦略は珍しい事例である。発端は，白浜町が2004年に民間企業から買い
取った保養所を整備し，貸事務所（7室）を開設したのが始まりである。しか
し，入居した2社が数年で撤退すると，5年以上，全室が空室状態と苦境が続

図表7-5　白浜町第2ITビジネスオフィス（元企業所有の保養所）

出所：筆者撮影。

いていた。そうした中，国の地方創生事業の一つとして，「いつもの仕事がど
こでもでき，東京の仕事をそのまま地方で続けられるという，テレワーク本来
の特性を最大限引き出す「ふるさとテレワーク」の普及展開を図る」ことを目
的に，2015年に総務省のテレワーク推進の地域実証事業の委託先に採択され
た。このことをきっかけに，白浜町に米IT企業の日本法人が入居し，注目を
浴びるようになった。その1年後にはオフィスは満室になるに至った。白浜町
における地域実証事業では，S社は東京でオフィスを構えていた時に比べ商談
件数が20%，契約金額が24%増えたと報告され，通勤時間が減り，地域との
交流や余暇の時間が増えるなどの効果も実証されている。また，自治体（和歌
山県）の支援策（雇用奨励金，通信補助金，オフィス賃借補助金，航空運賃補
助金）も充実している。加えて，誘致企業のIT人材確保の支援として，企業
面談会の開催や首都圏での移住イベント出展などの取り組みも行っているな
ど，企業の進出だけでなく，立地後の発展を考えた細やかな企業対応に努力し
ている。では，実際にどのような企業が入居しているのだろうか。
　白浜町第2ITビジネスオフィスに入居する飲食チェーン㈱subLime（サブラ

イム）白浜事務所を訪問した。事務所内は，サーフショップをイメージした内装であり，バルコニーから海が見える開放的な空間である。また，事務所内の一部は，子連れ出勤した場合のスペースも確保されている。主な業務内容は，飲食店向けの電話予約受付サービス及び人材紹介会社向けのアポイント業務であり，電話で受け付けた内容をシステムに入力する仕事であることから，テレワークには適切な業務であろう。

❻ おわりに：テレワークと働く場

　新型コロナの感染拡大で多くの人が在宅勤務を余儀なくされ，経済再開に向けて動き出す中，自粛中に経験した多くの教訓を通して，今後の働き方が模索されている。

　昨今の人手不足の中，都市部では人材採用が難しく，また若者を中心とした働き方の価値観も大きく変わってきている。サテライトオフィスの活用は，企業ビジョンと働き手のライフワークが合致したカタチでもある。また，運営コストも都市部に比べれば抑制されることも期待できる（梅村 2020）。地方都市では，一般的に特に事務職の求人が非常に少ない。主婦や子育て中の女性，あるいは介護負担を抱えた方であれば，都市部に働きに出ることも難しい傾向がある。また，都市への憧れを抱く若者にとっても都市型の働き方を提供する場としても有効である。

　このように，サテライトオフィスというカタチによる企業進出は，「まちの新たな職場」として働く場を手にすることが難しかった人々に雇用を提供することのできる可能性があるのではないだろうか。IT産業は，創造的な産業とされ，企業の立地要因からもわかるようにITインフラが整備されていれば，その立地は必ずしも都市に限定されないことが神山町や白浜町の成り立ちからその高い可能性を示している。

　一方，テレワークが万能ではないことも徐々に明らかになってきている。オフィスには，仕事に必要なスペースとツールが揃っている。しかし，在宅勤務

図表7-6　働き方改革と企業の持続的な成長の関係

■働きやすさ・働きがいの実現が，企業の持続的な成長につながる
■社員重視の働き方：「いつ，どこで，誰と」の実現に向けて

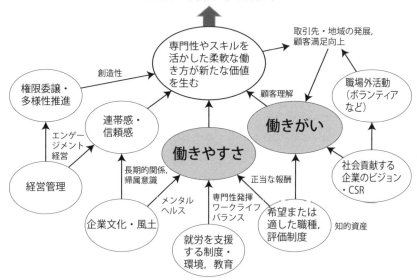

出所：梅村（2020）。

では，自宅の広さや家族の生活，あるいはIT機器にかかるネット環境等の問題で仕事が捗らないケースも多いのは事実であろう。

　そうした現状も鑑みた上で，これからは，オフィス，サテライトオフィス，自宅など従業員のライフワークに基づき，「いつ」，「どこで」，「どのように」働きたいかを選択できる「働く場」づくりが従業員満足度を高め，仕事への意欲向上につながると考える（図表7-6）。従業員，企業の双方にとって利益をもたらす一つの方策として，サテライトオフィスの導入を検討することの価値はある。

1. あなたは将来，どのような場所，業種，働き方がしたいですか。まずは，あなた一人で考えてから，周りの方（知人，友人）とも一緒に話し合ってみよう。きっと多様な考えが見つかるはず。
2. 本章で取り上げたサテライトオフィスはすでに様々な地域で立地されている。どのような地域，企業が立地しているのかを調べてみよう。

【参考文献】

天野宏（2018）「ワーケーション：和歌山県から提案する新しい働き方と地方創生の形」『ESTRELA』No.291，pp.2-13

荒木光二郎・井上郷平（2018）「活況呈する徳島県のサテライトオフィス―課題と可能性」『徳島経済』2018年4月号，pp.49-62

梅村仁（2019a）『自治体産業政策の新展開―産業集積の活用とまちづくり的手法』ミネルヴァ書房

梅村仁（2019b）「サテライトオフィスの立地・活用と働き方改革」『21世紀ひょうご』第27号，pp.54-65

梅村仁（2020）「地方都市における中小企業の集積と働き方改革の関係性―徳島県神山町を事例として」日本中小企業学会編『事業継承と中小企業』同友館，pp.157-170

総務省（2017a）『ICT利活用と社会的課題解決に関する調査研究報告書』
www.soumu.go.jp/johotsusintokei/linkdata/h29_06_houkoku.pdf

総務省（2017b）『「お試しサテライトオフィス」モデル事業（平成28年度）報告書』

総務省（2017c）『「サテライトオフィス」設置に係る民間企業等のニーズ調査（分析概要）』
http://www.soumu.go.jp/main_content/000484657.pdf

総務省（2020）『情報通信白書令和2年版』

財務省（2018）『財務局調査による「人手不足の現状及び対応策」について』
https://www.mof.go.jp/about_mof/zaimu/kannai/201704/hitodebusoku088.pdf

田中敦・石山恒貴（2020）「日本型ワーケーションの効果と課題―定義と分類，およびステークホルダーへの影響」『日本国際観光学会論文集第27号』pp.113-122

土地総合研究所（2018）『地方部におけるサテライトオフィス等の誘致策について』
　　http://www.lij.jp/news/research_memo/20181002_12.pdf
内閣府（2020）『第2回 新型コロナウイルス感染症の影響下における生活意識・行動
　　の変化に関する調査結果（2020年12月24日）』

梅村　仁

 ヒトを呼び込むNPO法人グリーンバレー（神山町）の手法

（1）まちのデザイン機能：ワークインレジデンス

　2007年度に総務省の支援により「イン神山」というサイトをNPOグリーンバレーがアップした。アップされると一番よく読まれているのが，「神山で暮らす」という神山町の空き家情報であった。これを契機に，神山町への移住を希望する方々の声が集まりだした。一方で，移住者の方がすぐに移住を希望しても即入居できる空き家のストックもたくさんあるわけではない。もともと，日本の過疎地における一番大きな課題は雇用がない，仕事がないことである。ゆえに，過疎地への移住をためらう方，あるいは移住をしても住み続ける仕事がないとして，退去する方の事例は数多く聞かれる。では，その解決策は何かと考え，仕事を持った人や創り出してくれる人を誘致する「ワークインレジデンス」を2008年から開始した。つまり，町の将来に必要と考えられる働き手や起業家を逆指名する制度である。例えばこの空き家には，パン屋をオープンする人だけ，あるいはウエブデザイナーだけに貸し出しますよといった形で情報を発信することで，町全体のデザインを可能にしたのである。実際に，第1号として自家製の石窯で焼くパン屋が開店，その後，歯科医院，ビストロ，カフェ，靴屋，コーヒー焙煎所など，2018年9月までに136世帯，221人もの様々な人たちが，移住交流支援センター経由で神山町に定住するようになった。

（2）ヒトづくりのエンジン機能：神山塾

　次に，神山プロジェクトの人づくりのエンジン機能として「神山塾」がある。若年の移住者を呼び込むため，「求職者支援訓練（厚生労働省）」を活用し，失業した人や卒業しても未就労な人を対象に，神山町に滞在し就職に役立つ知識や技能の習得を目的に実施する半年間の滞在型人材研修である。訓練生の属性は，独身女性，20代後半〜30代前半，東京周辺の出身，クリエイター系（デザインや編集の経験ありなど）が多数を占めている。2018年8月までに，10期170名が

課程を修了し，サテライトオフィスやグリーンバレーへの就職をはじめ，他の移住者が経営するレストランなどへの就職，あるいは新たな起業などにより約40％が移住の選択をし，様々な職業に就いて町を支える貴重な若者の供給源となっている。人口減少時代における今後の新たなビジネスづくりは，人々が求めるのは暮らしの質，あるいは生活の質を高めるためにどのようにすればより良い暮らしが実現できるか，こうした視点からも，もしかすると，ビジネスが生まれ，働く場所が創造されていくのかもしれない。新たな生まれたビジネスに付随するサービスが生まれ，それらがまた新たなビジネスになる，こうしたプラスの連鎖がいま，神山町に起こっているのである。

第8章
国際見本市と地域活性化戦略

❶ はじめに―海外市場における販路開拓

　グローバル化の進展とともに地域社会はこれまでにないほど世界経済の大きな動きにさらされている。新型コロナウイルスの流行の影響はあるものの，大きな流れとして移動手段と情報通信技術の普及，関税及び非関税障壁の縮小などにより国際貿易は活発化し，人，モノ，カネ，情報の流れが加速している。これまで国境によってある程度保護されてきた地域の産業がグローバルな競争にさらされるようになっている。より安い人件費や土地を求めて日本の工場が中国など海外に移転する産業空洞化も進んできた。

　このグローバルな競争は脅威であるとともにチャンスでもある。少子高齢化により日本の市場は縮小していくことが予想されるが，世界地図で日本の近辺である東アジア，東南アジアに目を向けてみれば，そこには日本が1960年代に経験したような経済発展を達成し，経済規模を拡大しつつある国々が存在する。それらの国々では一人当たりの所得が増加し，生活必需品を超えて買い物や旅行に支出する余裕がある中間層が拡大しており，2015年ごろには外国人観光客が日本において電化製品や化粧品を大量購入する爆買いも見られた。企業が販路開拓を行うにあたって日本国内のみならずアジアも含めた海外市場も想定するならば，その成長可能性は大変大きいといえる。

　それでは，企業は海外市場にどのようにして参入することができるだろうか。企業は幾つかのステージ（発展段階）を経て，時間をかけて学習・経験を蓄積し，漸近的に国際化していくとされる。ウプサラ・ステージ・モデルでは，間接輸出，直接輸出，海外販売子会社設立，海外生産，研究開発活動の移転といった企業の国際化プロセスの各ステージが示されている。企業が最初は

商社などを通じて商品を輸出し，次に自社で本国から直接商品を輸出し，輸出量が拡大したならば販売先国に販売子会社を設立し，さらに需要が拡大すれば現地で生産を行い，最終的には現地のニーズに合わせた商品等の研究開発機能を立地させる形で国際展開を進めていく。

　振り返って私たちが海外製品を購入することを考えてみる。私たちは日本において海外製品を知らないうちに購入している。身の回りにある衣服，電化製品に生産地のタグがつけられているが，Made in China といった表記で中国製，ベトナム製，バングラディシュ製など多くが海外で生産されていることがわかる。例えばアップル社の携帯電話 iPhone であれば，米国カリフォルニア州でデザインされ，中国で組み立てられていて，そのいくつもの部品は日本企業が生産している。世界中で消費される商品は世界の最適地で企画・設計され，最適地で製造され，消費されるようになっている。このような世界にまたがる情報とモノの流れをグローバルサプライチェーンあるいはグローバルバリューチェーンという。

　海外市場で販路開拓を行う際には必ずしも海外にいる消費者に直接商品を供給する必要はなく，海外市場において商品を供給する会社（バイヤーという商品を買い付けする会社・人）に自社製品を購入してもらえばよい。そこで，自社の製品・サービスを海外のバイヤーに知ってもらい，バイヤーがその会社の代理店となって，海外市場における販売を代行してもらうことが，海外展開の第一歩となる。この代理店発掘に有効と考えられる手法が国際見本市出展である。

❷ 国際見本市を活用した海外販路開拓

　歴史的に「市」あるいは「市場」とは，古代エジプト，ギリシャ・ローマ時代から，商人が商品の交換や流通，情報などの交換・収集を行っていた場所である。産業革命以降18世紀に始まった産業化の過程で商品の多様化や大量生産が進むなか，従来の生産者が消費者に直接販売する方式だけでは対応が難し

くなってきたため，「直接商品を売買する場所」から新たな販売方法や販売チャネルの開拓を行うための「幅広い商品を展示する場所」として見本市が生まれるようになった。2025年に大阪で開催が予定されている万国博覧会（万博）も国際見本市の一種であり，1851年にロンドンで第1回万国博覧会が25か国の参加により開催され，開催国および参加国の産業及び科学技術の到達点を示す場となっている。

　国際見本市あるいは国際展示会とは「商品・サービス・情報などを展示，宣伝するためのイベント（ただし，フリーマーケットや路上販売は含まない）」であり，「数日間などの短期間，テーマに関連する企業や研究機関などが特定の場所に集まり，商談等を行うもの」である。

図表8-1　見本市に出展する目的

○顧客開拓	○新規代理店発掘
○販売促進	○既存の代理店，販売店の支援
○新製品のPR	○企業，ブランドのPR
○市場調査，情報収集	○新規取扱商品の発掘
○技術提携先の発掘	○現地販売，製造拠点の設立

出所：日本貿易振興機構「初めての海外見本市のために〜出展のポイント〜」p.1。

　国際見本市において企業は販路開拓，販売促進，テスト・マーケティング，調査，情報収集など幅広い活動を効率的に行うことができる。見本市には多数の企業・バイヤーが一堂に会するので，出張してこれらの企業を1社ずつ訪れるよりも効率的に商談できることが最大のメリットである。また，見本市に継続的に出展することにより企業や商品・サービスの知名度が上がる，その業界に関する多様なアイディアに接し，競争相手の展示を通じて見えてくる業界の流行を観察するとともに精査し，第3者から自社の競争相手や顧客の情報を入手する。公式・非公式の会合や催しを通じてより親密な情報交換を行い信頼を構築し，自社の活動や能力を他者と比較することにより今後の戦略や商品について検討することができる。また，既存の取引相手と見本市会場で接触するこ

とで連携を深め，ニーズを満たす適切な取引相手を見つけ，距離的に離れた取引相手と信頼を築くことができる。

　海外販路開拓を行うにあたって，それぞれの企業は自社の保有している商品やサービスのどのような点が海外市場において価値が認められ，販売につながるかを検討する。日本市場で評価されている機能や品質が文化や習慣，経済・所得レベルの異なる海外市場でそのまま受け入れられるとは限らない。日本で生産した商品を海外で販売する際には船便あるいは航空便による輸送費用がかかることから，少なくともその費用分が価格に転嫁された日本よりも割高の商品になる。国内外で販売価格帯が異なることから，同じ商品でも日本とは違った客層や用途で利用される場合もある。ここで新たに自社の商品の利用方法を発見したり，自社技術を活用して新商品などをつくるプロダクトイノベーション，海外市場への商品供給に向けて社内における生産工程や流通形態を改善するプロセスイノベーションといった事業変革が海外販路開拓を行う企業には求められる。

❸ 日本における国際見本市開催とその経済効果

　これまで，企業の観点から国際見本市についてみてきたが，次に地域活性化という点から，国際見本市の開催について考える。国際見本市は製品やサービスの情報発信や商談の場であるとともに，国内外の出展者や来場者などの多様な主体による消費活動を誘発する経済インフラとして地域経済活性化にも大きく貢献している。国際見本市は，MICEと呼ばれる企業会議（Meeting），企業の報奨・研修旅行（Incentive Travel），会議（Convention）及び展示会・見本市等（Exhibition）のなかに含まれる。

図表8-2　日本における主な大規模国際展示場

	東京 ビッグサイト	パシフィコ 横浜	幕張メッセ	インテックス 大阪
運営開始　（年）	1958	1991	1989	1985
展示場面積（万㎡）	9.7	2.0	7.5	7.0
展示会件数（件）	278	31	56	34
国内シェア（%）	55	6	11	7
稼働率　　（%）	78	75	47	非公表

出所：経済産業省資料。
https://www.kantei.go.jp/jp/singi/ir_promotion/ir_kaigi/dai2/siryou1_2.pdf

　日本において国際見本市が開催される大規模国際展示場としては，東京都の東京ビッグサイト，神奈川県のパシフィコ横浜，千葉県の幕張メッセ，大阪府のインテックス大阪がある。これらの施設は多くが7万平米を超える巨大な面積を有し，4施設合計で展示会開催に占める国内シェアの約80%を占める。

　日本で開催される国際MICEには，数多くの海外ビジネス客が参加し，その参加者が支出する宿泊，交通，飲食などの消費以外にも，企画・運営費や施設利用費，設営費，プログラム費等，多額の主催者消費額が発生する。また，展示会・見本市等の一部催事においては出展者等の消費も見込まれる。このような多様な主体による消費増加効果が期待できる国際MICEは，その開催地や日本全体に大きな経済波及効果を与えている。

　東京ビッグサイト，幕張メッセ，パシフィコ横浜では，それぞれ展示施設において開催されているイベントの経済波及効果，雇用創出効果を算出・発表している。それによれば東京ビッグサイトでの展示会等開催による総消費額は3,028億円で年間合計7,547億円の経済波及効果を生み，全国で約48,700人の雇用を誘発している。同様に，幕張メッセやパシフィコ横浜でもそれぞれ3,500億円と2,070億円の経済波及効果，約3万人と1万8千人の雇用創出効果を生み出しているとされる。

図表8-3　国内主要展示施設がもたらす経済波及効果

指標	東京ビッグサイト （2012年）	幕張メッセ （2014年）	パシフィコ横浜 （2012年）
総消費額	3,028億円	1,536億円	954億円
直接効果	2,983億円	1,462億円	937億円
間接効果	4,564億円	2,038億円	1,129億円
経済波及効果	7,547億円	3,500億円	2,070億円
雇用効果	48,700人	30,315人	17,836人

出所：観光庁（2018）p.5。

　日本においては首都圏の主要な国際展示場の稼働率が非常に高いことから展示スペースが不足していると指摘されている。世界最大の展示場であるドイツのハノーバー国際見本市会場は展示面積が約46.6万m²であり，主な展示会であるハノーバーメッセは来場者数約19万人，出展者数約5千社（うち海外約3千社）の大規模なものである。アジアでは中国，タイ，シンガポール，韓国に10万m²以上の展示場がある一方，日本で最大の展示場となる東京ビッグサイトでも世界のなかの順位は73位となっている。

　日本の集客ポテンシャルを最大限に活かす観点からも，今後，さらなる国際展示場を整備する必要があるとされ，カジノや国際会議・展示施設などに加えてホテル，商業施設，文化施設等の機能を有する複合観光集客施設である統合型リゾート（Integrated Resort）の整備も検討されている。このような大規模国際見本市会場などの整備は，人口の多い都市部を中心に空港など交通アクセスに恵まれた地域において有効な地域活性化の手法である。次節においては，様々な地域において適用な可能な地域活性化手段として地場産業の海外販路開拓を考える。

❹ 自治体地域産業政策としての国際見本市出展

　自治体は地域の中小企業支援による地域活性化の施策として，道路，港湾，下水道など企業の操業環境を整えるハード面でのインフラ整備事業と，商品・

技術開発や情報提供，人材育成といったソフト面での支援施策を行っている。多様な支援事例としては，経営相談，技術相談・試験分析・設備開放，融資・信用保証，各種助成（補助金），表彰，セミナー開催，見本市開催，企業交流会開催，情報誌やウェブサイト等による情報提供・情報発信，企業情報データベース構築，ビジネスマッチング・企業間連携支援，海外・国際化関連情報提供，研修，インターンシップ，インキュベーション施設提供，用地造成・分譲・貸与，公設市場の開設，商店街の整備，企業誘致・創業促進のための減税などがある。

　自治体などによる中小企業に対する国際化支援施策のなかでは，展示会・商談会への出展支援が企業に最も多く利用されている。中小企業が海外の取引先を見つけて海外展開することは，それまでの日本国内の企業間取引ネットワークから，新たにグローバルな市場に参入することであり，グローバルに展開する多国籍企業との取引を開始し，部品供給などを通じてグローバルバリューチェーンの中に組み込まれることでもある。そのような地場の企業が多くなれば，その地域は国際的な分業構造の中でより存在感を高めることになる。

　例えば中国南部の香港に隣接する広東省深圳市は，かつて人口3万人程度のさびれた漁村だったが，1970年代末から当時の指導者である鄧小平氏のリーダーシップのもとでスタートした改革開放政策を契機として発展の軌道に乗り，1980年8月に中国初の経済特区として認定され，税の優遇措置や低賃金を武器に労働集約型産業を発展させた。深圳には電子部品の供給企業が集積し，2017年には人口が1,250万人を超えるようになった。これは深圳に進出した台湾などの外資系企業が携帯電話などを生産し，海外市場に輸出したことがきっかけとなっている。地方都市の産業が自力で技術を高め，新商品を開発し海外市場で販売するのは容易ではないことから，地域経済の活性化に向けて外資系企業などと戦略的に連携して地場産業を高度化しようとする取り組みがあり，これをストラテジックカップリングという。

　自治体による国際展示会への出展支援は，自治体がその地域において海外販路開拓の可能性がありそうな産業分野について検討し，出展する展示会を決定

することから始まる。世界では食品やIT・電子機器，デザイン・工芸品など様々なテーマの展示会が開催されており，それぞれ来場客数も違えば，外国からの出展社や来場者の割合といった国際性も異なる。何年にもわたって開催されて伝統ある国際見本市は参加料も高いといったこともあり，国際展示会への出展にあたっては，ターゲットとする地域・国や，来場者数，出展目的や予算などが検討要素となる。

図表8-4　主な国際見本市

見本市の名称	テーマ・産業分野	国・都市
CES	家電，ソフトウェア，電子機器	米国・ラスベガス
モバイル・ワールド・コングレス	携帯電話・通信機器	スペイン・バルセロナ
ハノーバーメッセ	工業用品，エネルギー	ドイツ・ハノーバー
メゾン・エ・オブジェ	デザイン・ギフト・インテリア	フランス・パリ
アンビエンテ	生活用品，消費財	ドイツ・フランクフルト
ミラノ・サローネ	家具	イタリア・ミラノ
Anuga	食品・飲料	ドイツ・ケルン
Food Expo	農林水産物・食品	中国・香港
Gulfood	農林水産物・食品	UAE・ドバイ

出所：日本貿易振興機構「世界の見本市・展示会情報」等より筆者作成。

　自治体は地域の企業に対して見本市出展を案内し，関心表明のあった企業をとりまとめ，複数社の商品や技術を展示できるブースといわれる空間を国際展示会の主催者から借りる契約を結ぶ。自治体による海外販路開拓支援政策の一環として，行政から業務委託されたデザイナーなどが企業と一緒に国際見本市に出展する新たな商品開発を行う形が増加している。単に補助金を支給するのではなく，専門家によるアドバイスを中心にそれぞれの企業に寄り添う形で商品開発や海外展開などを支援することをハンズオンという。見本市会場では統一のパンフレットを作り，ブースの空間デザインも展示のコンセプトや商品に合わせて趣向をこらすなどして，より多くの来場者の関心を引きつけるような

図表8-5　メゾン・エ・オブジェの会場および青森県の展示

出所：筆者撮影。

情報発信を行う。

　このような出展支援は自治体のみならず，自治体と連携して日本貿易振興機構や商工会議所が行う場合もある。企業としては，自社で最も使いやすい見本市出展の支援制度を活用することになる。

　例えば，メゾン・エ・オブジェは世界最大級のインテリア・ギフト・雑貨の

国際展示会であり，毎年1月にフランス・パリのノールヴィルパント見本市会場で開催されている。同見本市では，日本貿易振興機構が自治体や地場産業振興組合と共同してPRブースの共同出展，認知度向上に向けたプロモーションを実施しており，地場産品の海外販路開拓を目的とする海外見本市のなかで最も日本関係の参加団体数が多く，規模も大きいイベントの一つとなっている。2020年1月17日〜21日に開催された同見本市では，青森県，京都府，和歌山県，徳島県，京都市などがそれぞれの地域の企業と共同出展している。それぞれの地域の展示では，地場の伝統工芸品や，その技術を活用した新商品を展示し，欧州をはじめ海外においてそれぞれの商品を販売する代理店や，商品を活用してくれるインテリアデザイナーなどを発掘し，販路開拓につなげることをめざしている。

❺ 国際見本市を活用した海外販路開拓支援の意義

　自治体による国際見本市での販路開拓支援について，最終的にどれだけ新たな取引先の開拓につながるかは企業の自助努力に負うところが大きいが，自治体との共同出展により，出展費用の補助や手続き面での支援を受けた地域企業は，新たな取引先を開拓し，取扱商品にかかる関連情報を入手するための取引コストを削減することができる。

　大企業に比べて経営資源が限られている中小企業では，海外の市場や国際取引に関する知識や経験が不足しており，語学面でも対応できる人材の確保が難しい。そこで自治体と共同出展することにより，地域の企業が海外の見本市に出展する心理的あるいは物理的なハードルを下げることができる。また，自治体が地域を代表して出展することで，共同出展企業に対してその取引上の信用付加機能を果たしている。地理的に離れ言語や文化も異なる国際取引において，潜在的な取引先企業の信頼性がどの程度あるか判断することは難しい。たとえ，契約を結んだとしても商品が確実に配送されるか，代金を確実に回収できるかといった，相手の情報が乏しいからこそそのリスクが国内取引よりも高

い。そのような情報の非対称性を自治体が関与することで一定程度解消し，企業間取引を円滑化してビジネスの成約可能性を高める効果が想定される。

次に地域活性化に向けた仕組みづくりの視点から考える。今日の経済社会における特徴は知識社会化である。企業が生み出す付加価値の中で，アイディアや技術開発に基づく部分が増加しており，このようなイノベーションは，すでにある知識や技術が再結合することによって創出されると考えられている。この新しい商品やサービスを生み出す地域をめざして，多様な知識がその地域に流入して蓄積し交換されるような仕組みづくりにおいて重要な役割がグローバルパイプラインとゲートキーパーである。

グローバルパイプラインとは「地域間・国家間の戦略的なパートナーシップ」であり，ある地域と距離的に離れたもう一つの地域の企業や行政，大学といったアクターが，人と人との直接的な取引を通じて，境界を超えて意見交換を行い知識や情報の移転を行う機能である。次にゲートキーパーは地域の内外のアクターをつなげ，地域のアクターが地域外から利益を得ることを支援し，地域における企業ネットワークを活発にする機能と整理できる。

国際ビジネスを通じて企業は海外の企業とのネットワークを構築し，地域外の情報を国内にもたらして新たな商品やサービスを創出することでグローバルパイプラインを発展させる可能性がある。また，そのような企業が地域にない場合，自治体は産業政策として地場企業の国際化を進め地域の企業をとりまとめ国際見本市出展などの支援を行う。こうして，自治体が地域と海外との企業のビジネスマッチングを促進し，地域の企業が商品開発力や販売力を高めて海外販路開拓して利益を得ることを支援するとともに，海外企業が地域の企業と商談する機会を設けるゲートキーパーの役割を果たす。

例えば，佐賀県では地場産品である有田焼の海外販路拡大を進めており，有田焼創業400年事業プロジェクトにおいて，2013年に在日本オランダ王国大使館との「クリエイティブ産業の交流に関する協定」に基づき，有田焼の16の窯元・商社と8か国16組のデザイナーが協業し新ブランド「2016/」を立ち上げた。イタリア・ミラノで開催された世界最大規模のデザイン展示会「ミラ

図表8-6　国際ビジネスの地理的分権化

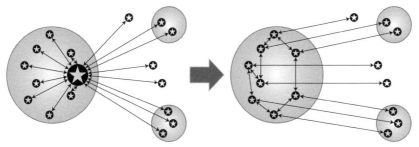

出所：Lorenzen and Mudambi (2013), p.505, Figure1.

ノサローネ」や「メゾン・エ・オブジェ」に県の費用で有田焼を出品した。有
田焼の販路は，それまで旅館などを対象とする業務用向け販売が多かったが，
デザイン性を高めるプロダクトイノベーションにより国内外を含む個人向け販
路開拓を進めている。このように，日本の自治体と外国政府の行政間の信頼に
基き，オランダのデザインという知識・技術を地域へ導入することで新たな商
品開発を図る地域イノベーションを生み出す仕組みが構築されている。

　国際見本市を活用した海外販路開拓支援による地域活性化政策のめざすとこ
ろは，東京をはじめ都市部の企業や政府関係機関が担う国際ビジネスの地理的
分権化であり，地方が海外とのつながりを多く持つことで，その創造性を高め
ることにある。これまでは図表8-6の左端の円内中心部で多くの矢印を有する
星印のように，東京あるいは都市部の大きいメーカーや商社が日本あるいは地
域を代表して海外との窓口となり，国内と国外を仲介する役割を果たしてい
た。それが，地方都市あるいはそれぞれの企業が地域内でのネットワークを保
有しつつも，直接海外のアクターとのビジネス上のつながりを持つ，より分権
化されたネットワーク構造を地域産業として持つことが期待される。

❻ おわりに

　これまで本章では，国際見本市をとりあげて地域活性化に果たす可能性につ

いて，自治体による地場産業の海外展開支援の手法としての国際見本市活用と，国際見本市を地域で開催することによる集客増や関連した経済波及効果の2点から考察するとともに，海外とつながることによる地域イノベーションの意義を示した。

ドイツでは，展示会産業が経済を支える重要な産業の一つと位置づけられており，主要な展示会には首相や重要閣僚がかけつける。各地の大学には展示会専門の学部が設置され，そこで学んだ学生は展示会産業に就職するという。地方創生の観点からも，地方において様々な国際ビジネスが行われることで，より創造的で付加価値の高い雇用が生まれることが望ましい。そのツールとして国際見本市に着目し，地方都市が国際見本市を開催したり，地域の中小企業が海外に展開することを支援する仕組みづくりが大切になっている。

自治体による国際見本市関連政策の課題として，第1に日本国内だけでも年間500件以上開催される見本市のいずれに出展するか，地域内のどのような企業に見本市出展を呼びかけるか，共同出展する企業に対して出展料の補助などの支援をどれだけ行うかといった事業の設計について，地域経済の特徴と国内外の経済情勢を考慮して戦略的に判断する必要がある。

第2に，自治体は出展を通じて最適な国際見本市を選び出すとともに，何度も繰り返し同じ見本市に参加することで，参加者間でのより深い信頼関係の構築などにも配慮することが求められる。ここで自治体が信頼のできる企業と共同出展しているという前提を裏切るようなことがあれば，繰り返し国際見本市に参加するなかで，その地域への信頼は失われる。持続可能で効果的な見本市出展を行うためには，自治体自身が優れた企業を選別する能力を有する必要があり，そのためにも地域内にどのような企業があるのか情報収集し，緊密な企業とのネットワークを構築しておく必要がある。

これらの課題解決のためには，自治体のこれまでのような公平性と透明性，手続きの正当性を重視する行政運営システムでは，スピード感と効率性の点で限界がある。たとえ，地方自治体が直営でこのような事務を行わなくても，政府出資の団体であるとか，複数年にわたる業務委託など，官民協働の手法を活

用する形で，より優れたパフォーマンスをあげることのできる組織構築が求められる。

　自治体の産業振興を担当する部局は，その地域の産業について熟知するとともに，グローバルな市場のニーズを知って，その地域産業がどの分野において成長の可能性があるかを目利きし，様々なプロジェクトを企画・運営する，専門知識や語学力，ネットワーク構築力のある人材を自治体として確保し育成しなければならない。

ディスカッション

1. あなたの身の回りの商品（衣服，電化製品，食料品など）がどこで生産されているか調べて，地図でその場所を確認しよう。
2. 世界でどのような国際見本市が開催されていて，そこにどのような日本の自治体や企業が参加しているか調べてみよう。

【参考文献】

観光庁（2018）「平成29年度 MICE の経済波及効果算出等事業報告書」

経済産業省（2014）「平成25年度 展示会産業の国際化・活性化推進のための人材育成基盤整備・関連事業調査報告書」

藤原直樹（2018）『グローバル化時代の地域産業政策』追手門学院大学出版会

日本貿易振興機構 世界の見本市・展示会情報（J-messe）
　　https://www.jetro.go.jp/j-messe/

Lorenzen, M. and Mudambi, R. (2013). "Clusters, Connectivity and Catch-up: Bollywood and Bangalore in the Global Economy," Journal of Economic Geography, 13(3), pp.501-534.

　　　　　　　　　　　　　　　　　　　　　　　　　　　　　藤原直樹

メゾン・エ・オブジェでの海外販路開拓

本編でも述べたメゾン・エ・オブジェは世界で最も定評のあるインテリア・ギフト・雑貨の国際展示会である。フランスのパリで開催されるが，出展する企業や自治体は，フランス市場をターゲットとするわけではなく，世界中から訪れる業界関係者との交流を期待している。また，国際見本市の出展には，行政の補助があっても，担当者の出張費や見本品の輸送費用，ブースの内装費用など1回で数百万円のコストがかかるが，見本市出展による売上増加のみでこの費用を賄うことは難しい。

企業は国際見本市出展のメリット・デメリットを中長期的にとらえ，出展によってメディア露出が増え認知度が高まることにより，国内市場で売り上げが増えることも想定して出展の意思決定を行っている。販売方法としても見本市に訪れた建築家，インテリアコーディネーターなどの関心を得て何らかのプロジェクトに商品が用いられ，その後，ホテルや旅館等で商品を多数納品できればよいとして，小売ルートを確保し一品一品販売するようなことを求めていない企業が現地調査においても多く見られた。このような取り組み状況であるから短期的に成果をあげる企業は限られている。

さて，商品に求められるデザインは各国によって傾向が異なる。中国系は赤色，中東系は金色，欧州はシンプルで深みを感じさせるようなもの，特に環境に配慮してプラスチックを使わず，木材やリサイクルできる素材の利用が求められるという。欧州の消費者は環境配慮意識が高く購買力があるので，比較的高品質のプレミアム商品を購入する。

商品選択の際に重要となるのはストーリーであり，この商品がどんな由来があるのか，どんな思想のもと，どんな方法でどんな人々が作ったのかといった情報を商品の魅力として伝えることが必要になっている。例えば，日本文化を強く打ち出して座布団や和食器を販売していく取り組みは限界があり，歯ブラシや鉛筆削りなど世界共通で必要とされる機能について，優れた材料加工技術などを用いて高品質の商品を作り，うまくプロモーションして良さを伝えていくことが求められる。

このような海外展開を行う中小企業のトップは大変優れた能力を有している。そもそも日本市場のみならず海外市場開拓を進めている時点でチャレンジ精神が高いうえ，海外市場に合わせた商品企画から，技術研究開発，異国の見本市会場で国際見本市出展ブースの内装の組み立て，訪問者の対応をすべてこなす社長たちは極めてタフでスピード感があり，熱意のある人たちであった。

第3部
地域活性化と
ヒト づくり

第9章
ソーシャル系大学の可能性

❶ はじめに

コミュニティには「地縁型コミュニティ」と「テーマ型コミュニティ」の2つのタイプがあるが，前者は同じ地域に集まって暮らす人々のコミュニティのことで，代表的なものとして町内会や自治会がある。後者は同じテーマに興味を持って集まる人々のコミュニティのことで，例えば同じ趣味で集まった人たちが楽しむための団体や，社会課題やまちづくりの問題解決をめざすような団体などを指す。

1995年の阪神・淡路大震災は「ボランティア元年」と呼ばれ，以降，大きな災害が起こるたびにボランティア活動が注目されるようになった。ボランティアの活躍が社会的にも大きくなる中で，ボランティア活動団体による法人格取得への関心が高まり，1998年には「NPO法（特定非営利活動法人促進法）」が生まれ，NPOは数多くのテーマ型コミュニティとして誕生している。2021年1月現在，NPOの活動分類にある「まちづくり」をテーマとしている団体は，全国で2万法人を超えている。ただし，この数字はNPO法人として登録されている件数のみであるため，法人化していないグループも含めるとテーマ型コミュニティはさらに多いと推測される。

さて，「まちづくり」であるが，今日では様々な場面で使われ，すでに市民権を得ている言葉となっている。その背景には日本の社会が成熟化し，人々のライフスタイルが多様化している中で，住んでいる地域への関心が高まっていることがある。かつて1970年代初頭までの高度経済成長期において，急速な都市化による公害問題や自然破壊等からまちの開発への関心が高まった時期もあるが，その多くは企業の社会的責任に対する反対運動的なものであった。し

かし，今日のまちづくりは，自らも参加してまちをつくっていくという側面が強い。また，バブル経済の1980年代後半から1990年代初頭は，都市を開発したり，新たな街を作るというハードな意味での「街づくり」が使われ，市民とはやや離れた印象であったが，平仮名の「まちづくり」にはコミュニティを再生したり，安全な住みよいまちにしたり，楽しく暮らせる身近な環境を作ったりするといったソフトな意味合いが含まれる。こうして自分が住んでいる，あるいは働いている地域への関心が高まり，さらには自己研鑽の学びへの欲求も強まってきているのが今の日本の地域社会を取り巻く状況である。

　本章では，このような社会的背景の中で，2000年代から出現してきた「ソーシャル系大学」と呼ばれる，人々の学びと交流の場を紹介することによって，この場が地域の「ヒト」づくりにつながる仕組みの一つとして有効であることを考察する。地域活性化には，経済的な活動であっても社会的な活動であっても，最終的にはそこに住み，地域のことを考える「ヒト」が増えていくことが重要であり，一人の活動ではなく「ヒト」と「ヒト」が結び付いて連携・協力し，地域力を高めることが求められる。

❷ ソーシャル系大学とは何か

　「ソーシャル系大学」という言葉は聞きなれない名前だと思う。一方で，「市民大学」という言葉は聞いたことがあるのではないだろうか？

　1988年に広島大学教育学部社会教育学研究室が実施した全国調査「市民大学事業等に関する調査」では，市民大学を「地域住民の学習需要の高度化と専門化に対応するために，今日全国各地域で一般市民を対象とする地域社会ベースに組織化されている「中等後教育」ないし，「高等教育」レベルの学習講座や学習プログラムの供給システム」と定義している。要するに，学校教育法に依らない「地域における生涯学習の場」である。

　その後，坂口（2013）は「ソーシャル系大学」という言葉を使い，その事例として2006年に開設された「シブヤ大学」（東京都渋谷区）を紹介してい

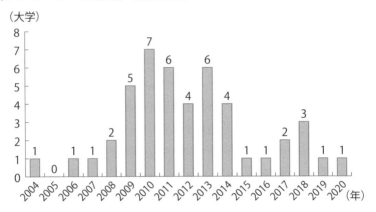

図表9-1　ソーシャル系大学の開設時期

（注）46大学を調べたもの。
出所：高田（2021）。

る。シブヤ大学の仕組みは各地に姉妹大学を創り出し，2020年現在では全国8大学に広がっている。また，シブヤ大学系列とは異なるものの，運営方法や活動内容などの特徴が共通する市民大学を展開しているソーシャル系大学は，全国各地で設立されている。設立時期はシブヤ大学開設の2006年ぐらいから増加し，特に2010年代前半に集中している。この時期は国内でフェイスブックやツイッターの利用が開始され，iPhoneの発売された2008年以降に重なる。ソーシャル系大学の情報発信や申込方法などの運営面においてWebサイトやSNSの利用が多いことから，このようなIT環境の拡大が，大学の相次ぐ設立にプラスに働いているのではないかと思われる。

　ソーシャル系大学が市民大学と異なる特徴は，単なる「学びの場」だけではないところにある。多くのソーシャル系大学は，教室の中の座学だけでなく，まちなかに出て，時には身体を動かしたり体験をしながら，参加者同士で交流を深めることに大きな特徴がある。また，いわゆる「まちなか」すべてがキャンパスという捉え方をしている大学が多く，さらに講師も多様で市民が学生であるだけでなく，場合によっては講師の立場になることもある。

このようなソーシャル系大学では，参加者の年齢層が比較的若い人が多いのも特徴的であると言われている。シブヤ大学では20〜30歳代の社会問題に関心の高い層が中心になっているとされており，東京駅周辺の大手町・丸の内・有楽町（大丸有）エリアをキャンパスに朝7時から開講している丸の内朝大学は，ビジネスパーソンがメインターゲットとされている。

ソーシャル系大学の多くは，人口や企業が集積している大都市部で開設されている事例が多いが，地域の学びと交流の場としては，地方創生の観点から地方都市でも有効ではないかと思われる。次節からは地方都市の事例として，筆者自身が開校のプロセスに携わった三重県伊勢市の「伊勢やまだ大学」について紹介していこう。この事例を見ることにより，ソーシャル系大学という場を創り出すことが，「ヒト」づくりに有効であることの可能性をイメージしてもらえるはずである。

❸　「伊勢やまだ大学」の活動から

（1）対象エリアは伊勢市の中心市街地

伊勢市は，伊勢神宮のあるまちとして有名な観光地であるが，現在の「伊勢市」という名称になったのは1955年であり，それまでは「宇治山田市」と呼ばれていた。伊勢神宮の2つの正宮である外宮周辺には山田地区，内宮周辺には宇治地区があり，この2つの地区が合併して明治の町村制施行の際「宇治山田町」が誕生した。いまでも近鉄の駅名に「宇治山田駅」があるのは，その名残でもある。

ところで，伊勢市の官公庁や商業・業務の集積する中心市街地は，いまでも外宮周辺のエリアになる。ここには市内9つの商店街が集積しており，伊勢市の中心市街地活性化基本計画の区域はこのエリアを中心に設定されている。ここで紹介する「伊勢やまだ大学」は，今は町名としては残っていない「山田」の地域を対象エリアとしている。

(2) 伊勢やまだ大学の設立から運営へ

　さて，ここからは伊勢市の中心市街地である山田地域で，どのようにソーシャル系大学が誕生し，運営されてきたのかを見ていこう。

① 誕生は伊勢市商店街連合会青年部の活動から

　伊勢市中心市街地の9つの商店街は2000年代に入ると，他の地方都市の商店街と同様に歩行者の通行量が大きく減少し，商店街の空き店舗が増えて人通りがさらに減るという悪循環に陥っていた。

　それでも，伊勢市では式年遷宮が20年に一度執り行われる機会に，全国から多くの観光客が集まる周期的な特徴がある。図表9-2は外宮と内宮の参拝者数の推移であるが，見事に式年遷宮の年にグラフが跳ね上がる状況が確認できる。その他の特徴としては，約60年前の1956年までは外宮と内宮の参拝者数がほぼ同数であったにも関わらず，翌1957年を境に内宮では参拝者数が増加傾向を示す一方で，外宮では減少傾向となり，両者の開きが出てきた点が挙げられる。1990年から内宮の参道でもあるおはらい町でまちなみ保全事業がスタートし，1993年の第61回式年遷宮の年にはおはらい町の中程にあるエリアで，赤福餅のお土産で有名な㈱赤福によっておかげ横丁が整備され，内宮への参拝者数が大きく伸びた。その頃，外宮周辺では1995年から1996年にかけて伊勢市駅前のジャスコ伊勢店が閉店し，2001年には同じく伊勢市駅前の三交百貨店が閉店するなど相次ぐ大型店の撤退もあり，観光客だけでなく買い物客の人通りも減少していくなど対照的な環境にあった。

　しかし，2013年の第62回式年遷宮に向けては，外宮の敷地内に「式年遷宮記念せんぐう館」が開館し，伊勢市駅前では暫く未利用地となっていた百貨店跡地にホテルや土産物店・飲食店等が民間企業により整備され，外宮参道においては新たに25店舗以上の出店があるなど，伊勢市駅から外宮までの外宮参道を中心に，人通りのにぎわいも戻りつつある。内宮の参拝者数とは依然として開きがあるが，「外宮から内宮へ」のお参りを誘うPR効果もあって，外宮の参拝者数も増加に転じている。

図表9-2　伊勢神宮参拝者数の推移

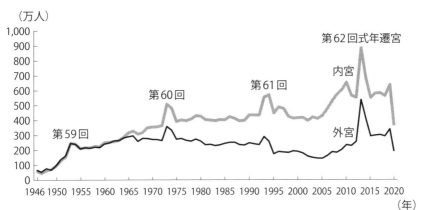

資料：神宮司庁。
出所：「平成30年/令和元年伊勢市観光統計」に2020年（令和2年）の数字を追加。

　このように外宮参道を中心に新たな出店の動きがある中で，他の商店街では観光客が周遊することも少なく，年々廃業する店が増えて歩行者通行量の少ない状態が続いていた。また，商店街は基本的には単体の組織（単会）での活動が中心であり，近接の商店街同士で連携して活動をすることはあまりなく，伊勢市の商店街連合会でも2010年代初頭までは単発のイベントや単会の長が集まる会合などを除き，連携した活動はあまり活発ではなかったという。そのような状況を打開して，商店街全体で取り組もうという意識を持って始まったのが，外宮を中心に既存の商店街や住宅地が扇のように広がる地域の特色に着目した「山田活性化プロジェクト」であった。

② 最初に「まちの魅力を再発見」し，活動の「ビジョン」をみんなで描く
　一般的に行われる商店街の活動は，各店舗の商品販売を促進する共同大売り出しやチラシなどによる情報発信，集客のためのイベント開催などである。それぞれが目的を持って企画・実施しているのであるが，各活動の全体像や複数の商店街がどのような地域になりたいかというビジョンを持って取り組めてい

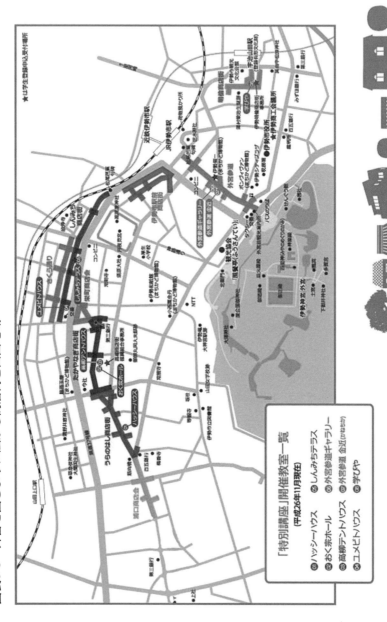

図表9-3 外宮を囲むように広がる商店街と山田地域

出所：伊勢やまだ大学ホームページ。

図表9-4　外宮のまち山田マップ（地図面）

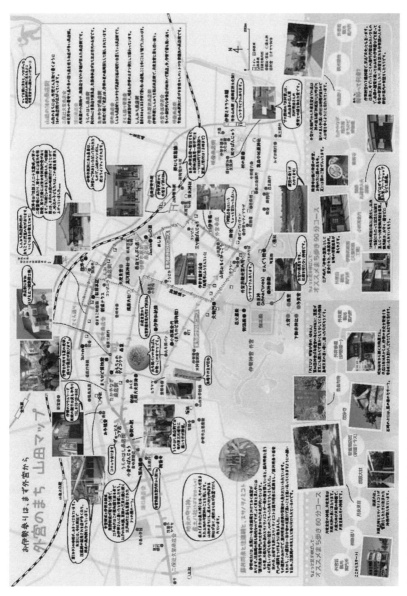

出所：伊勢市商店街連合会提供。

るところはあまり多くない。伊勢市においても同様であった。伊勢やまだ大学の設立は，これまでの取り組みに危機感を抱いた有志が，従来の一過性のイベントから脱却し，継続した取り組みを進めたいという思いから始まった。

　「伊勢やまだ大学」という枠組みを作るためには，参画する商店街共通のビジョンを描くことが必要である。その前に最初は自分たちが，山田のまちの良さを再発見することから始めようということになった。生まれ育った山田の地域ならではの情報を各自が持ち寄り，一緒にまち歩きをして確認をしながら，「外宮のまち山田マップ」を完成させた。

　その後，メンバー間での議論を重ねながら，当時，全国の都市部で生まれつつあるソーシャル系大学に着目し，また店主が講師となる「まちゼミ」の活動にもヒントを得て「伊勢やまだ大学」の考え方や仕組みを構想していった。そのために何度も議論して決めた「ビジョン」が以下の文章である。このビジョンを踏まえ，地域の活性化につながる活動を進めるための「伊勢やまだ大学」の枠組みが固まった。

伊勢やまだ大学の目指すところ

> 　外宮の豊かな社に，優しく抱かれる「山田」のまち。ここでは人が神を敬い，神が人を見守ってきた暮らしがあります。そして，その営みが永遠に続くことを願う祈りが息づいています。
> 　日本人の美しい精神性や道徳観，この地域の深遠な歴史や生活文化について，正しく，楽しく，伝えていく「学びと交流の場」をこの地に作り，市民だけでなく，日本中の人々に開放し瑞々しい，活き活きとした「外宮のまち山田」を目指します。それが「伊勢やまだ大学」です。

③ キャンパスはまち全体で

　他のソーシャル系大学と同様に，伊勢やまだ大学では，まちなか全体をキャンパスと見立てた。特に，各商店街では空き店舗等を活用した交流スペースをそれぞれが所有していたことから，それらを特別講座の教室と位置づけている。広い地域であるため，1箇所だけの賑わいにとどまらないように意識した

だけでなく，将来的には観光客が各教室を周遊できる仕掛けもイメージした。また，特別講座の教室だけでなく商店主の各店も教室となり，エリア内の施設や商店街アーケードの通りもキャンパスとなるように構想した。図表9-4で作成したマップ全体がまさに大学のキャンパス（図表9-3）となっている。

④　おもろいことはじめます！

開校に先立って「おもろいことはじめます！」というCMを制作し，三重テレビなどで放映した。商店街のできるだけ多くの店主にCM出演を呼びかけ，各商店街で撮影を行い，連携の機運を高めていくことで有志だけではない商店街全体の活動にしていったのである。

そのような経過を踏まえ，2014年11月に伊勢やまだ大学が開校した。開校当初の講座は，「特別講座」と「お店ゼミ」の2本立てであり，後に「一般講座」との3本立てになる。特別講座とは，外宮のことや山田のまちのことに詳しい方を講師に迎え，商店主自身も山田の地域のことを学べる場とした。お店ゼミは，商店主が自ら講師となり，年に2回の開講期間を設定して取り組んでいる。これは，各店主がそれぞれの商売の専門性を生かして消費者に提供する講座であり，基本的には自分の店の中で3〜5名程度の受講生に対して無料で実施するものとなっている。講義内容は，各店の裁量に委ねられるが，消費者にわかりやすい言葉で専門的な知識を伝えることは非常に難しい作業なので，参加した店舗にとって自分の商売を見つめ直す良い機会になっている。また，合同でお店ゼミをしているケースもあり，その場合はお互いのお店のPRになるとともに，どのような講義内容にするのかを議論することで，それぞれの商売の強みを見つけ出すことにもつながっている。

サークル活動は，特定のテーマに興味を持つ学生同士が定期的に集まり，知識や技術だけでなく，山田のまちへの思いを強く持ってもらう機会にもなる。伊勢やまだ大学の運営は，商店街の店主が中心に取り組んでおり，その点は他のソーシャル系大学とは違う特色でもあるが，地域活性化には地域住民の参画も重要である。今後はサークル活動の機会などを広げて，さらに仲間の輪が広

図表9-5　CM撮影の時の様子

出所：伊勢やまだ大学提供。

図表9-6　お店ゼミ

出所：伊勢やまだ大学提供。

図表9-7　伊勢やまだ合唱団の練習風景

出所：伊勢やまだ大学提供。

がっていくことが期待される。なお，開校当初から設立されたサークルに「伊勢やまだ合唱団」がある。年1回，外宮の勾玉池の舞台で合唱奉納をすることを目標に，商店街の特別教室で練習に取り組んでおり，外宮周辺ならではのサークル活動といえる。

❹ 地域活性化と「ヒト」づくり

　商店街が近接していても，これまでは商店街同士，商店主同士はあまり意識して連携してこなかった。そのようなところに，伊勢やまだ大学というソーシャル系大学の運営を通じてお互いを知り，仲間意識が高まり，共通の悩みや知恵を交換し，前向きに活動を進める機運が生まれたことは，大きな成果であったと言える。

　また，伊勢やまだ大学の活動によって「ヒト」づくりにつながった大きな出来事は，開校の準備段階から取り組んだ地域資源マップづくり（図表9-4）であり，1泊2日の勉強会合宿である。合宿は，開校後も毎年続けられてきた

（2020年度は新型コロナウイルスの影響で実施せず）。この合宿での共通体験が，外宮周辺の山田地域で一緒に活動をする仲間の連帯感を強めることに寄与したと言える。合宿における勉強会のテーマは，大学運営に関するディスカッションが中心であり，毎回，ゲスト講師を招くことによって新しい知識や活動のヒントを得てきた。そう考えると，伊勢やまだ大学に参加する学生が特別講座やお店ゼミで学び，交流することのできる仕組みというだけでなく，運営スタッフとして取り組む商店主側にとっても「学び」と「交流」の場になり，それぞれのスキルアップにつながる機会になってきたと理解できよう。

❺ おわりに

　本章で取り上げた「伊勢やまだ大学」の活動も2014年11月の設立から6年以上が経過し，活動の停滞と学生数の伸びの鈍化，運営体制の固定化などの課題が見られ，設立当初の熱気もやや薄れつつあるように見られる。加えて2020年は新型コロナウイルス感染症拡大の影響によって学生を集めた講座やイベントができなくなり，また商業者中心の活動であるがゆえに本業の経営に多大な影響があったことから，伊勢やまだ大学は，これまでの活動をほぼストップせざるを得ない状況となった。しかし，そのような中でも，2020年5月の緊急事態宣言時に伊勢やまだ大学がYOIMACHI BAR（まちバルの実行委員会組織）と共同で実施したドライブスルー事業は，これまでに培ってきた大学運営の連帯意識を十分に発揮し，大成功を収めている。

　また，伊勢やまだ大学に取り組んだ効果という点で言うと，各商店街単会の活動において，大学での活動から刺激を受けて，自分たちの単会活動に生かそうという動きも出てきている。伊勢市駅前商店街による組織の再活性化は，その好例である。その意味では，伊勢やまだ大学のこれまでの活動は，運営に携わる店主などスタッフの「ヒト」づくり（人材育成）に貢献してきたと言えるであろう。

　本来の「大学」は研究する場であり，人材を育成する機関でもある。「ソー

166

図表9-8　2020年5月に実施されたドライブスルー事業

出所：伊勢やまだ大学提供。

シャル系大学」にもその活動を通じて仲間を増やし，「ヒト」を育てる機能が備わっていることは，地域活性化に取り組む各地の活動に何らかのヒントになると思われる。他の全国にあるソーシャル系大学についても，なかにはホームページが更新されず活動実態がわからなくなってしまった団体も出てきており，いかに持続可能な取り組みにつなげていくかが，今後のソーシャル系大学活用のカギとなろう。

　およそ10年前にiPhoneが日本に登場して以後，スマートフォンが普及し，軌を一にして様々なSNSのアプリが使われるようになった。そして2020年の新型コロナウイルスはZoomなどを利用したWeb会議を一気に普及させ，空間を超えて人々がつながりやすい社会に変えた。コロナ後の世界では，リアルとバーチャルの両方による人々の「結びつき」が一層求められる時代になるはずである。そのような時代に「学び」と「交流」の場を提供する「ソーシャル系大学」の仕組みは今後も有効であると考える。

1. あなたが住んでいるまちでソーシャル系大学を立ち上げるとしたら，どのような講座を企画したいか。地域ならではの資源を利用して参加者が体験できるテーマを考えよう。
2. あなた自身が自分のまちで「先生」をするとしたら，どのような内容の講義ができるか考えてみよう。趣味や特技，今の仕事やアルバイトのことなど，なんでも構わない。

【参考文献】

池田秀男編（1993）『市民大学に関する調査研究 高等教育研究叢書23』広島大学大学教育研究センター

坂口緑（2013）「ソーシャル系大学が必要な理由」『ソトコトNo.172』木楽舎，pp.46-47

シビックプライド研究会編（2008）『シビックプライド―都市のコミュニケーションをデザインする』宣伝会議

㈱全国商店街支援センター（2015）「商店街を地域の「学び」と「交流」のキャンパスに」『EGAO』pp.6-9

高田剛司（2021）「ソーシャル系大学における「食」をテーマにした地域活性化の可能性」立命館大学食マネジメント学会『立命館食科学研究』Vol.3, pp.243-249

高田剛司

シビックプライド

　地方創生が叫ばれるようになり，人口減少や少子化，高齢化の流れが明確になるにつれて，各自治体では住民に対して，どのように定住を続けてもらい，あるいは外から移住してもらえるかということに関心が高まるようになった。人口減少などは全国的な動向であるから，まさに都市間競争による「ヒト」の争奪戦である。

　そこで，各自治体では「シティプロモーション」という，自分のまちをプロモーションする（より魅力的な地域だと発信する）ことに注力するようになってきた。民間企業が選出する「住みたい街ランキング」や「市町村魅力度ランキング」などを気に掛ける風潮が年々強まっている。もちろん，まちの魅力は住みやすさであったり，生活の利便性であったり，環境の良さなど様々な要素がある。

　しかし，いくら我がまちがこれだけ素晴らしいと訴えたとしても，住んでいる人々が自分のまちに「誇り」を感じているまちでなければ，住み続けてもらえないし，外からの人も魅力を感じて移住してくることは無い。この「誇り」を英語で「プライド」と呼ぶが，市民による自分のまちへの愛着と誇りは「シビックプライド」と呼ばれている。

　この言葉で有名な取り組みは，オランダのアムステルダムが2003年から始めたシティプロモーション「I amsterdam」である。このキャッチコピーの立体ロゴはあまりにも有名であるが，単にキャッチ―なロゴで，写真映えするスポットを提供したということだけではない。その本質は，「都市は多様で複合的なものである。だが，そこにいるのは"人"である。人々がよりクリエイティブでよりイノベーティブでいられる都市，それがアムステルダムである」（シビックプライド研究会編2008）という宣言にあるように，「市民こそ都市である」というメッセージである。そして，まちへの愛着と誇りを持っている「ヒト」が増えれば増えるほど，その都市の魅力は高まり，さらに多くの人を外から惹きつけることにつながっていく。

　今回紹介した「ソーシャル系大学」は，「地域」をテーマに学び，多様なバックグラウンドや考え方の人々を集め，交流できる機能を持っていること，さらにはその運営に携わる主体的な人を増やすことから，このシビックプライドを作り出す有力な装置の一つであると言えるのではないだろうか。

第10章
アントレプレナーシップと自治体政策

❶ はじめに

　今，地方創生に係る動きが全国で活発化している。しかし，人口減少対策，特に若者の定住化は地方都市にとって大変ハードルの高い課題である。若者をどのようにして地域に留め，あるいは集め，地域に住むあるいは働くことを自らの意志で選択してもらうか多くの自治体が悩んでいる点である。一方，離島という厳しい環境にも関わらず，多くの移住者を引き付ける，イノベイティブな島がある。それが，隠岐諸島の中ノ島，島根県海士町であり，地方創生のモデルと称されている。筆者が最初に海士町を訪問したのは，2012年10月末。海士町の玄関口である菱浦港を降り立つと人口約2,400人のまちとは思えない光景に出くわした。観光シーズンでもない中で，若者がとても多いことである。降りる人，出迎える人，まさにごった返すという表現が適合するシーンであった。

　特に，島の玄関口である菱浦港の施設「キンニャモニャセンター」の壁に多数貼られている「ないものはない」と書かれたポスターが目を引く。海士町には，多くの若者から支持されるコンビニエンスストアやショッピングモールなどはない。

　海士町は，島の未来のために，町民とともに厳しい行政改革を実行し，それらによって，捻出された財源を外部の力も受け入れながら産業，教育，福祉に投資し，その努力と結果が注目を集める最先端な地域である。

　本章では，地域活性化に取り組む「島根県海士町」の産業振興を事例に，この町はなにを目指し，地域内でなにが起こり，どのようにしてアントレプレナーシップ（entrepreneurship）が育まれたのかについて政策的観点から検証

図表10-1　海士町のポスター

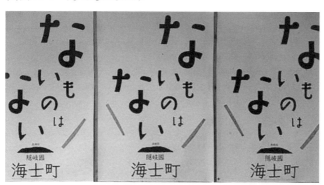

出所：筆者撮影。

し，地方都市における新たな産業基盤づくりに向けた自治体政策のあり方について考察したい。なお，アントレプレナーシップとは，新事業や新商品の開発などに高い創造意欲を持ち，それに先立つリスクに対しても果敢に取り組んでいく姿勢や発想，能力などを持つ「企業家精神」のことを意味する。

❷ 企業家とイノベーション

　企業家は「イノベーションを完遂する人」と考えられており（Schumpeter, 1912），新しい製品やサービスの開発，新しい生産方法の導入，新しい販路の開拓，原材料の新たな供給源の獲得，新しい組織の実現のいずれか，あるいは全部を実現することとされる。しかし，近年はイノベーションを起こすのは企業家個人だけではなく，社会やシステムなどの組織に関心を寄せる研究が見られる。代表例として，Edquist（2005）は，イノベーションを生み出して展開させる主体，つまり企業家的な役割を担うのは，個人でも組織でもなく，制度，政治，社会基盤，金融，人材，知識，価値など社会を構成する諸要素と要素間の関係のあり方，すなわちシステムとする"イノベーションが進展する社会システム（social system for innovation development）"あるとしている。本

章の対象である海士町では，アントレプレナーシップあふれる個人の活躍も見られるが，町全体がイノベーションを起こす基盤になっているのではないかと考えている。海士町では，移住者である若者たちが起業し，産業を興し，雇用を創る「アントレプレナーシップ」が地域に内在し，定着していることに驚きとともにそのシステムについて強い関心をもっている。

❸ 豊かなまち—海士町の概要

　海士町は，島根半島の60kmほど沖合の日本海に浮かぶ隠岐諸島の中の一つである中ノ島全体を町域とした1島1町のまちである。中ノ島は，面積33.46km²，周囲89.1kmの小さな島で，その海士町には，2,353人（2015年国政調査）が暮らしている。

　隠岐諸島は，大小180ほどの島々からなっており，そのうち人が住んでいるのが，島前と呼ばれる中ノ島（海士町），西ノ島（西ノ島町），知夫里島（知夫村）の3島と，島後と呼ばれる島後島（隠岐の島町）である。隠岐は，かつて隠岐国という一つの国で，かなり古くから都とのつながりがあったとされる。平城京跡から海士町の「干しアワビ」等が朝廷に献上されていたことを示す木簡が発掘されたことからも分かるように，古くから海産物の宝庫として"御食つ國"に位置付けられていた。奈良時代から流刑地として，遣唐副使の小野篁や承久の乱（1221年）に敗れた後鳥羽上皇などがこの島に流された。後鳥羽上皇は，在島17年余この島で生涯を終え，島民の畏敬の念はいまなお深い。

　江戸時代から外部との交流を様々な形で行っており，そうした歴史的な経緯からも，いわゆるよそ者に対する拒否感がなく，もてなしの精神を持つ土地柄が醸成されてきたとも言われている。また，海士町は，対馬暖流の恵みを受けた豊かな海と，名水百選に選ばれた豊富な湧水に恵まれ，島とは思えないほどに田園が広がる豊かな地域である。

❹ 海士町の方向性

　海士町は，現在，第四次総合振興計画「島の幸福論」（2009年策定）に基づいたまちづくりを進めている。特に，世の注目を集めることになったきっかけは，（財）日本産業デザイン振興会主催の「2010年度グッドデザイン賞（まちづくり・地域づくり分野）」を，本編である「第四次海士町総合振興計画島の幸福論」及び別冊の「海士町をつくる24の提案」が受賞したことである。

　第四次総合振興計画は，公募で集まった14歳から71歳までの住民51人の参画により作成され，「住民一人ひとりが自分らしい幸福を積み上げていこう」という想いから，『島の幸福論』と名付けられ，子どもから大人まで幅広い住民がまちづくりを身近に感じ，主体的に参加するための工夫がなされている点が高く評価されている。

（1）総合振興計画の概要

　海士町では，1989年「クオリティ・ライフへの出発」をテーマとした第二次海士町総合振興計画を策定，続いて1999年には「キンニャモニャの変」をテーマとした第三次海士町総合振興計画が策定された。これらの計画を元に特産品開発やまちの地域ブランド化，まちの玄関口である菱浦港に観光施設などが整備され，まちの形が出来上がった。一方で，全国的な自治体合併の動きの中で，島前3町村（海士町，西ノ島町，知夫村）の合併に関する諸問題について協議するため，隠岐島前任意合併協議会が2002年に設立されたが，協議の結果，「合併してもメリットはない」との理由から2003年協議会は解散となった。また，同時期に国と地方の税財源を見直すいわゆる三位一体改革が断行され，地方交付税が大幅に削減され，海士町の財政状況は大変厳しい事態となっていた。しかし，合併しないと結論づけたことにより，海士町は単独町政を選択したことから，まちの存続について，一層の危機感を共有することとなった。そこで，次期総合振興計画の策定にあたっては，住民の暮らしの質を追求し，海士町で生活する一人ひとりが幸せを実感できることを目標とする

図表10-2　海士町総合振興計画

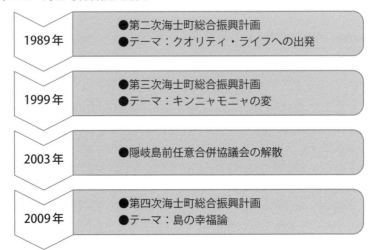

1989年	●第二次海士町総合振興計画 ●テーマ：クオリティ・ライフへの出発
1999年	●第三次海士町総合振興計画 ●テーマ：キンニャモニャの変
2003年	●隠岐島前任意合併協議会の解散
2009年	●第四次海士町総合振興計画 ●テーマ：島の幸福論

出所：海士町（2009）。

ことが必要であるとの認識に立って，これまで以上に住民の主体的な参画の中で進めていくことが重要視されることになった。そこで，海士町で生活する一人ひとりが「海士町に住んでよかった」，「海士町に住み続けたい」と実感できるまちづくりに向け，その基本姿勢と具体的な行動計画を示すものとして，2009年第四次海士町総合振興計画が策定された。

（2）まちが変わる起点：第三次海士町総合振興計画　「キンニャモニャの変」

① キンニャモニャの変

　海士町内では，至る所で町発祥の民謡「キンニャモニャ」に触れることができる。キンニャモニャには，海士町が上手にうたい込まれており，まさにまちの誇りなのであろう。そうしたことから，総合計画策定においても，地域住民との深い連携・協働が必要とされていることから，キンニャモニャにこだわり，その歌詞に秘められている「美しい海士の自然への想い」「島民の豊かな

人情」といった地域の心と努力目標「自らが汗を流して，我が町の自慢になる顔を作ろう」を重ね合わせ，第三次総合振興計画のテーマタイトルを「キンニャモニャの変」としたのである。

　第三次総合振興計画において，「"変"の意味には，これからの海士町を作っていくために「ものの見方」「ものの考え方」など，あらゆる面で変わっていかなければならないという気持ちが込められており，良い意味での変化と創造を求めている。また，単なるこれまでの延長では，大競争時代を勝ち抜ける魅力ある海士町を築いていくことは難しい時代状況であり，町に住む一人ひとりがいつまでも快適に暮らすことができ，満足できる町へ変わっていくために，私たちははじめの一歩を踏み出さなくてはならない。海士町は行政・住民みんなの行動で「キンニャモニャの変」を起こすのである」と記されている。つまり，これからのまちづくりに望む覚悟と未来を創る気概が見て取れるのである。また，これからの海士町の事業展開フローとして，新しいものを取り入れることだけではなく，誇れる自然と歴史と文化を活かした"海士らしさ"を追求するとともに，ハード事業からソフト事業への政策的転換が明確になった。

② 海士町自立促進プラン

　まちの変革が期待されていた第三次総合振興計画であるが，合併協議会を解散し単独町制を選択した海士町に，2004年いわゆる「地方財政ショック（地方交付税等の大幅カット）」という大きな課題が直面することになった。

　多くの自治体にとって，国の補助金・負担金の削減は，まちの存続も脅かす最も難しい事項であり，財政的な体力が厳しい海士町では，財政破綻の可能性も取り沙汰されていた。そこで，住民代表と町議会と行政が一体となって，島の生き残りをかけた「海士町自立促進プラン」を2004年に策定した。このプランは，主に職員人件費のカット，事業補助金等の見直し，組織のスリム化を実施しながら，重点政策分野として産業振興，定住対策，教育へ注力したことが特徴である。特に，町の厳しい行政改革の断行により，町の取り組みへの理解・納得が進んだことが大きい。自立促進プランでは，まずは「守り」の政

策として，行政改革でまちの存続に努力する一方，「守り」だけでなく，「攻め」の戦略として，産業振興を推し進めていく方針がまとめられた。

❺ 海士町における「攻め」の産業振興

(1) 産業関連組織の設置と現場主義

　「承久海道キンニャモニャセンター（以下，キンニャモニャセンター)」（2002年開設）は，町の玄関口，菱浦港に位置し，「交流促進課」及び「地産地商課」が設置されている。産業振興こそ現場主義に徹した体制づくりが必要との方針から，あえて役場から移転し，「攻め」の産業振興の基盤となる職員の方は元旦も含め365日の勤務体制となっている。なお，「地産地商課」について，外部へ攻める気持ちの表れとして「消」ではなく「商」の字を使っている。

(2) 産業振興のキーワード

　具体的な産業振興策として，島全体をデパートに見立て，島の味覚や様々な魅力をテーマごとに分けて島をアピールする地域再生戦略「海士デパートメントストアープラン～『選ばれし島』まるごと届けます～」を2004年度から始めた。この戦略は，国の地域再生計画の認定を受けるとともに，島根県のリーディングプロジェクトにも指定された。一方，海士デパートメントストアの中心商品となる商品開発が急がれていたことから，島が持つ地域資源の有効活用と組み合わせの観点から，ブランドを生み出し，新しい産業の創出を図ることとなった。キーワードは，3つの言葉，「海」・「潮風」・「塩」である。なお，ブランドづくりはその後の評価が大きく影響することから，あえて厳しい評価がなされる可能性の高い東京をメイン・ターゲットとした。

　3つのキーワード，「海」・「潮風」・「塩」により生まれた海士町を代表する行政主導による開発商品は，①さざえカレー，②イワガキ「春香」，③CAS（Cell Alive System）による冷凍白いかである。次に，民間主導による開発商

品は，①ブランド肉「隠岐牛」のブランド化（建設会社の第二創業），②「塩」製造・販売（U・Iターン者による起業）などである。

(3) 地域資源を活かした新たな取り組み

① 事例1：さざえカレー

　島の食文化であるさざえを商品化した「島じゃ常識！さざえカレー」は今や年間2万個を売り上げる大ヒット商品である。島民の食卓に上るカレーライスは，肉ではなくて手に入りやすい「さざえ」であったそうである。そのさざえに目をつけたのが，移住者である商品開発研修生であり，その後の商品化に大きく貢献した。商品開発研修生は，いわゆる「よそ者」視点で，海士町の地域資源を発掘し，その魅力と可能性を地域に示し，多くの方を驚かせたとされる。

② 事例2：いわがき・春香

　日本で最も多く生産・消費されているカキは，マガキ（真牡蠣）である。毎年秋から翌年春に掛けて養殖マガキが出回り消費者にとって馴染みのカキといえる。一方，マガキの出荷が終了する春から夏に掛けて出回るのがイワガキ（岩牡蠣）である。

　このイワガキの養殖に着目したのが，海士町にIターンした移住者であった。その後，地元漁師や他のU・Iターン者と協力して，種苗の生産から育成・販売まで事業展開している。2006年，町がこうした活動を支援するため町費を投入して，漁業用作業保管施設や種苗生産施設を建設し，「海士いわがき生産株式会社」を設立し，さざえカレーに続くヒット商品となっている。

③ 事例3：隠岐牛のブランド化

　隠岐牛を肥育する「有限会社隠岐潮風ファーム」を立ち上げたのは，地元の建設業者である。公共事業が減少する中，会社の存続のため，他の事業着手が懸案事項であった。そうしたなか，島で生み育てた子牛が島外に買われ，

全国のブランド牛として生産されている現状に着目し，隠岐牛の子牛を自らが購入し，島内で肥育して"島生まれ島育ちの隠岐牛"という形で出荷できないかと考えたのが発端とされる。一方，企業が農業，畜産業に参入するためには農地法の規制が障害としてあるため，それをクリアできる方策について町と相談し，現在では毎月12頭の出荷体制が構築されている。

④ 小括

海士町の産業振興は，3つの事例検証から，商品開発研修生，Iターン者，企業経営者とそれぞれ違う立場の人たちが，町の支援を受けながら地域資源に活路を求め，起業あるいは第二創業に取り組んでいることがわかる。

また，海士町の産業振興は，①町の第3セクターによる事業展開するケース，②町が施設整備し中小企業者が運営するケース（公設民営方式），③中小企業者へ事業支援するケースに分けられる。海士いわがき生産株式会社は，公設民営方式に該当する。

町がそれぞれの事業案件に支援するかどうかの決定は，起業等を考える人との濃密な打ち合わせで決まる。町は，三位一体改革や合併問題以来，行政経営に大きな危機感を持っており，支援の判断基準として事業者の本気度に重きを置いている。

特に，町では，役場職員が人材の重要性を認識し，育てるとともに外部の視点を得るための「交流」に重きを置いてきた。そのため，U・Iターン者などの「よそ者」が活動できる場を整備・提供できているのである。また，それが多くの若者を集める地域の魅力となっている。

❻ 地域アントレプレナーシップを持つ若者育成——島前高校魅力化プロジェクト

(1) 背景

外部との交流に活路を見出す政策を展開してきた海士町であるが，特に注目

を集めているのが，「島留学」として島外からの多くの入学者を集める島前高校魅力化プロジェクト（以下，魅力化プロジェクト）である。

　島根県立島前高校は，隠岐諸島の島前地域で唯一の高校でありながら，少子化と過疎化のため，2008年度には生徒数が30人を切る状態であった。このままでは，廃校は時間の問題であり，若い高校生がいなくなると更なる人口減少と島外への高校進学しか手段がなくなると島民の負担も大きくなる。また，移住者の方々からも大学進学を目指すことができる学校への変革を望む声などもあり，2007年に魅力化プロジェクトがスタートした。

(2) 目指す人材像

　魅力化プロジェクトの目的は，生徒が「この学校に行きたい」，保護者が「この学校に行かせたい」，地域の「この学校を活かしたい」と思う魅力ある学校づくりである。これまで多くの高校生が卒業すると同時に就職や進学で島を離れ本土へと移る傾向があった。本来なら島の将来を担う若年層が島外へ流出することは，人口減少だけでなく，地域活力が低下し，さらに人口減少が加速化するという悪循環になる恐れがある。そこで魅力化プロジェクトでは，田舎には仕事がないから帰れないという意識から新しい仕事をつくりに田舎へ帰りたいという意識への価値転換を目指し，地域産業の後継者と新たな生業を創出できる「地域起業家精神を持つ若者」すなわち「地域のつくり手」を育てることを島前高校の存在意義と定義し，地域の将来を担う人材の育成を目指したのである。

(3) 魅力化プロジェクトの概要

　魅力化プロジェクトは，魅力ある高校教育を目指し，カリキュラムを大幅に改定した。主なものとして，(1) 自分たちと違う文化を取り入れる，(2) 主体的に解決する能力を身に付ける，(3) 自分の生き方を自分で決めていく，の3つを柱として，地域を活かした課題解決型学習やインターンシップ等地域の未来を担う人材の輩出に資するカリキュラムとした。さらに，島外からの

"留学生"に寮費・食費や里帰り交通費を補助する制度を作り，「島留学」と銘打ち全国にPRした。そうした取り組みにより，魅力化プロジェクトを開始してから島前高校の生徒総数は増え続け（2008年28名から2020年154名）となり，過疎地域の高校として異例の学級増（定員40名から80名へ）となった。また，この間着実に大学進学実績もあげている。

　魅力化プロジェクトは，魅力化構想（2009年〜2013年）→新魅力化構想（2014年〜2018年）→第3期魅力化構想（2019年〜2023年）によって展開されている。特に，新魅力化構想の目指すべき人材像は，「グローカル人材（地球と地域のつなぎて）」を掲げており，SDGsにも繋がる考え方として注目している。

図表10-3　目指すグローカル人材

○地球的視野で考えながら，足元から実践していける人材 ○ふるさとや地域を想いながら，世界中で活躍できる人材 ○地域と地球を愛し，自然や歴史，文化，暮らしをより良く未来へつないでいける人材 ○自分と地域を活かし，地域社会の課題を解決する持続可能な事業をつくっていける人材

出所：隠岐島前高等学校の魅力化と永遠の発展の会（2019）。

(4) 隠岐国学習センター：公立塾の創設

　町が目指す人材育成のために，学校教育だけではすべてを賄うことは非常に厳しい。そこで，離島地域の教育における課題を克服し，「高校卒業までは島の子どもは島で育てる」という信念を実現するために，町・教育委員会・地域住民が協議して，地域には進学塾や予備校，家庭教師といったものが乏しい地域であることから，公営の塾「隠岐國学習センター」（以下，学習センター）を2010年に開設した。設立目的は，離島・過疎地域が抱える都市部との教育格差を解消し，地域の子どもたちの自己実現を地域総がかりで支援する新しいモデル作りを目指しながら，生徒にとって最適な進路実現の支援を目標とし，

図表10-4　高校時代に育てたい力

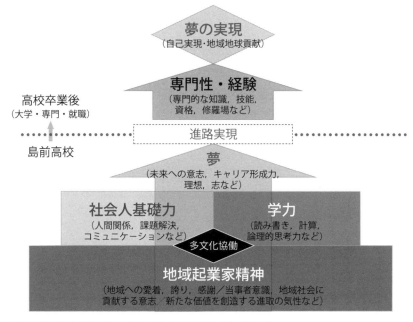

出所：隠岐島前高等学校の魅力化と永遠の発展の会（2014）。

基礎学力に加えて社会人基礎力の醸成を図ることとしている。

　学習センターの特徴として，①一人ひとりに合った学習指導：生徒各自がカリキュラム（個別学習計画）に基づいて学習に取り組むことで，生徒に主体性を持たせ，自ら学ぶ力をつけさせる学習スタイル，②島前高校との連携・支援：高校との連携を重視し，定期的に打合せをしながら，高校での授業内容を踏まえて学習効率の向上を図る，③社会に出て必要な力と学習意欲の醸成：プロジェクトベースドラーニング型授業「夢ゼミ」を通じて生徒の将来の夢やキャリアデザインを明確化する過程で，社会に出て求められる力と学習意欲の醸成を図るとしている。「夢ゼミ」とは，自分の興味から始まる地域連携型学習と位置づけ，高校生の興味関心や進路にかかわる内容や地域の課題などを題材として生徒，スタッフ，地域住民が一緒になって行うゼミ形式の授業で

図表10-5　隠岐の国学習センター（公立塾）

出所：筆者撮影。

ある。この授業を通して，高校生の目的意識が明確化して学習意欲が向上し，
さらに地元への感謝，郷土愛が醸成され，島へ帰ってくる地域人材が育成さ
れると同時に，答えのない課題に取り組んで自分なりに考えるという経験が
生きる力にもつながるとされている。

❺ まとめ

　これまで，海士町における産業振興を軸にまちづくりなどにも触れながら，
町の現状について検討してきた。これまでの検討を踏まえ，まとめとして第一
になぜアントレプレナーシップが高く内在している地域なのか，第二に地方都
市における自治体政策について，若干の示唆を試みたい。

（1）なぜアントレプレナーシップが高く内在している地域なのか

　これまで町の現状を検討してきたなかで，離島であることの厳しさゆえに，
地域内に「危機感」が共有され，会社のために，地域のために，起業し産業を
起こそうとする動きが必然的に起こってきていることがわかった。しかし，筆

者も高知県を初め多くの中山間地域をフィールドワークしたが，地域住民にその気持ちや使命感はあっても，なかなか実行できるものではない。シュンペーターは，イノベーションの担い手が企業家でり，企業家が従来の結合の仕方を破壊し，新しく結合（新結合）することの重要性を指摘しているが，まさにその結合の役割を町役場が担い，それらを動かす補助動力機関として存在していることが大きいと言えるのでないだろうか。

　また，海士町において，移住者の方々にインタビューしたなかで，何度も聞く言葉がある。それは，「チャレンジ」である。移住者の一人は，「海士町には，チャレンジできる雰囲気があり，なんでもやってよい。もっと言えば，なにをしたいのか，なぜなにもしないのかと町役場の方，地域住民の方，あるいは既にいる移住者の方から問われ続けているような気持ちになる。また，自分自身へのチャレンジのために来ているので，ずっといるつもりもない。概ね3年間と考えている。この海士町で自身が地域社会に貢献できれば今後の人生においてなんでもできると思う」と言う。多くの移住者は島に仕事があるから来るのではなく，まさしくこれまでの海士町のビジョンや取り組みに共感して，島の未来に貢献したいとやってきた企業家なのである。

　つまり，地元の方は「危機感」により，移住者は「期待感」により，起業を目指すことを可能とする雰囲気と環境が整備されているから，高いアントレプレナーシップが地域に内在しているのであろう。加えて，魅力化プロジェクトの実施により，将来の地域企業家が育まれる可能性も高い。町の経営指針『自立・挑戦・交流』がまさに機能しているといえよう。

　第二に，地方都市における自治体政策についての示唆であるが，一つ目は選択と集中による未来への政策的投資である。昨今，多くの自治体が財政緊縮の影響を受け，特に産業政策への配分が薄い現状にある。町の政策立案の条件として，「雇用創出」が重要な事項であると聞き及んでいる。必要なときに，必要な投資が将来を支えるものと考える。まちづくりが人づくり，そして仕事づくりと繋がる政策スキームが明確に示されていることは，政策的に大変重要である。二つ目は，政策の内製化である。外部との交流は商品開発研修生制度や

図表10-6　町内における起業の現状

法人経営	集落・グループ・個人
○㈲隠岐潮風ファーム［2004.1］（畜産）	○崎（梅干GL）［2004.11］※地区
○隠岐事務センター［2004.4］ （情報システム管理）	○知々井（塩辛GL）［2005.12］※地区
○㈱ふるさと海士［2005.3］ （地場産の商品化・販売）	○さくらの家（ふくぎ茶）［2006.11］ ※福祉施設
○海士いわがき生産㈱［2006.10］ （岩がき養殖・販売）	○豊田（干物GL）［2008.1］※地区
○㈱たじまや［2007.6］ （干しナマコ加工・販売）	○大漁（漁協干物GL）［2011.3］
○㈱カズラ［2007.6］（散骨葬送）	○島の保健室（アロマテラピー）［2018.4］
○㈱巡の環［2008.1］ （メディア・WEB制作・研修ツアー）	○アズマ堂ベイクショップ（製造小売） ［2018.6］
○㈱隠岐牛企画［2008.4］ （島生まれ島育ち隠岐牛店）・	
○㈱島ファクトリー［2013.4］ （旅行業，リネンサプライ）	
○（一財）島前ふるさと財団［2014.3］ （学習塾）	
○㈱海士伝報堂［2014.11］ （翻訳，メディア）	
○（同）隠岐アイランズメディア ［2015.3］（放送メディア）	
○㈱隠岐牛［2016.1］ （銀座にて隠岐牛を提供する和食店）	
○㈱宇野［2016.4］ （農林水産加工販売，旅館業ほか）	
○AMAホールディングス㈱［2018.5］ （地域活性化事業等）	

出所：海士町提供資料。

島留学など様々な視点から試みているが，すべてを頼るという意味ではなく，外部との交流による刺激を大切にはするが，「まちのことはまちで考える」強い姿勢こそが，地域の良さと誇りを再確認しながら，創造的かつ挑戦的な政策

を生み出す源泉となっているのであろう。三つ目に，総合的な産業政策の実施である。町には，多くの移住者がおり，定住促進を行っているが，最大の問題は，働く場，産業の育成・発展である。また，人づくりについては，妊娠・出産時期から高校教育の充実まで一貫して島の子どもたちへの手厚い政策となっている。前述した魅力化プロジェクトの実施により，「自分のまちを元気にする新しい仕事をつくりに帰りたい」といった地域アントレプレナーシップを持った若者の育成にも取り組み，人のスパイラルイメージとして，「若者定住→継承者育成→産業・雇用創出→地域活力向上→若者定住」が示されている。つまり，産業・福祉・教育分野の連携と人材の創造・育成を総合的に考えている証であろう。

　本来，総合的に政策形成することは，総合振興計画などで既に提示されている。しかし，それを調整し，実行し，効果を示すことはとても困難なことである。ゆえに，興味深い町なのである。

　町のインタビュー時の終わりにいつも示される言葉がある。「海士町は成功事例ではない，挑戦事例です。」この町から日本が変わるかもしれないと考えるのは，筆者だけではないだろう。今後も，海士町の挑戦を注視していきたい。

1.日本には，海士町（中ノ島）のように多くの離島地域がある。島の生活はどのような状態か，人口の推移，交通，医療・福祉，教育などについて，webや書籍にて調べてみよう。
2.本章を読んで，あなたは起業したいですかそれともしたくないですか。その理由を簡単にまとめて見ましょう。

【参考文献】

Edquist, C. (2005) Systems of Innovation: Perspectives and challenges, In Fagerber et al. (eds.), The Oxford Hand

Schumpeter Joseph A. (1912) Theorie der wirtschaftlichen Entwicklung, Berlin（塩野谷他訳『経済発展の理論＜上・下＞』岩波文庫，1997年）

海士町（2009）『第四次海士町総合振興計画 島の幸福論―海士ならではの笑顔の追求』

海士町職員組合（2014）『住民とともに作った海士町総合振興計画「島の幸福論」』
    http://www.jichiro.gr.jp/jichiken_kako/report/rep_saga35/03/0314_jre/index.htm

梅村仁（2015）「地域に内在する起業家精神と自治体産業政策―島根県海士町を事例として」『企業環境研究年報』第20号，pp.23-36

隠岐島前高等学校の魅力化と永遠の発展の会（2019）『意思ある未来のつくりかた 第3期隠岐島前教育魅力化構想』

株式会社巡の輪（阿部裕志＋信岡良亮）（2012）『僕たちは島で，未来を見ることにした』木楽舎

島根県立隠岐島前高等学校
    http://www.dozen.ed.jp

島前高校魅力化プロジェクトHP
    http://miryokuka.dozen.ed.jp

野中郁次郎・廣瀬文乃・平田透（2015）『実践ソーシャルイノベーション 知を価値に変えたコミュニティ・企業・NPO』千倉書房

文部科学省（2019）『高等学校と地域との協働について』

山内道雄（2007）『離島発 生き残るための10の戦略』（生活人新書222）NHK出版

梅村　仁

コラム　高校魅力化プロジェクトの全国的展開

　島根県海士町から始まったとされる高校魅力化プロジェクトは，今や全国の地域で実践されている。高校魅力化プロジェクトとは，生徒が行きたい，保護者が通わせたいと思える魅力ある高校にするプロジェクトのことを言い，①その地域・学校でなければ学べない独自カリキュラム，②学力・進学保証をする公営塾の設置，③教育寮を通じた全人教育の3本柱で構成されているケースが多い。文部科学省（2019）によれば，令和元年度の「地域との協働による高等学校教育改革推進事業」指定校は51件である。その内訳は，①プロフェッショナル型（地域の産業界等との連携・協働による実践的な職業教育を推進し，地域に求められ

186

る人材を育成）11件，②地域魅力型（地域課題の解決等を通じた学習を各教科・科目や学校設定科目等において体系的に実施するためのカリキュラムを構築し，地域ならではの新しい価値を創造する人材を育成）20件，③グローバル型（グローバルな視点を持ってコミュニティーを支える地域のリーダーを育成）20件となっている。例えば，沖縄県立久米島高校（普通科，園芸科）の場合，島の人口減少に伴い生徒数も減少し，県教育委員会から園芸科の生徒募集停止の提案を受け，園芸科は廃科の危機に直面した。久米島のような離島にとって，園芸科の廃科は基幹産業である農業の担い手不足を招くだけでなく，子どもたちの学びの選択肢が狭まることで，島外進学を選ぶ生徒が増える可能性がある。それにともなって一家転住が増え，人口減少が加速し，島の衰退にもつながりかねない，島の将来を左右する問題なのである。この問題に対処するため，行政や教育委員会，町商工会，地域住民有志などによる「久米島高校の魅力化と発展を考える会」が発足し，本格的に高校魅力化プロジェクトが2013年から始まった。主な取り組みは，町と高校と地域が協働し，「公営塾の設立」，「離島留学生の受け入れ」，「ハワイ留学」など，様々なコトを行っている。なお，2015年4月に町営塾「久米島学習センター」，町営寮「じんぶん館」が開設し，2018年の進学先割合も大学（短大含む）進学率が32％となっている。

　このように，生徒数減少と高校存続という二律背反の中で，地域存続のため画一的な高校教育から脱却し，特色ある教育環境を整備することは必要不可欠であろう。将来を担う地域の若者の育成を図り，地方への人材還流のためにも行政と地域住民が真正面から議論し，未来をともに考えることが重要なのである。

第11章
シビックテックと創造的IT人材

❶ はじめに

　近年，AI，クラウド，4G/5G等ICT技術が急速に発展する中，これまで十分にこれらのテクノロジが活用されていない分野にテクノロジを活用するX-Tech（クロステック）が注目されている。平成30年版情報通信白書には，代表的なフィンテックに加え，昨今のCOVID-19により早急に対応が求められている遠隔医療等のヘルステックや，リモート授業のエドテック等，X-Tech事例が進展度とともに紹介されている（図表11-1）。また，X-Tech等によって全体最適化された社会のことを政府はSociety5.0と呼んでいる。令和元年版同白書では，Society5.0が真価を発揮するためには，あらゆる産業は「ICTを事業のコアと位置づけ，ICTと一体化することでビジネスモデル自体を変革する「デジタル・トランスフォーメーション（DX）」が必要」で，Society5.0を実現することで，単なる経済発展にとどまらず，SDGsへの貢献等社会的課題解決の実現も可能になると述べられている。

　X-Techの一つに，シビックテック（市民（Civic）とテクノロジ（Technology）の造語）があり，市民がテクノロジを活用して自ら地域課題を解決する活動のことを指す。このシビックテックは，日本では，2011年の東日本大震災以降全国に広がってきている。本章では，代表的なシビックテック・コミュニティのひとつであるCode for Japan/Brigadeの活動を取り上げ，シビックテック活動を通じた地域活性化について考える。

図表11-1　様々なX-Techの事例

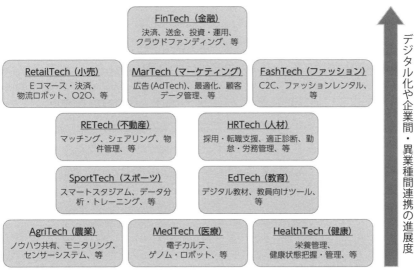

出所：総務省（2018）p.56。

❷ 近年拡大するシビックテックの定義

シビックテックは，欧米を中心に2010年以降広がりを見せ，日本でも近年多くのシビックテック・コミュニティが活動を開始している。特に，東京都が素早く公開した新型コロナ感染症対策サイトについて，Code for Japanによるシステム構築が注目を集めている（例えば，Code for Japanのwebページ参照）。しかし，その歴史は浅いため，まだ定義は確立されていない。例えば，米国のナイト財団は「Government Data, Collaborative Consumption, Crowd Funding, Social Networks, Community Organizingの集合」，稲継編（2018）は「市民主体で自らの望む社会を創りあげるための活動とそのためのテクノロジのこと」，福島（2019）は「社会や地域の課題をICT等のテクノロジで解決していこうという活動そのものとその技術」，とそれぞれ定義している。表現は違えども，市民，コミュニティが地域課題（地域や行政が抱える課題）に対

して技術（主にIT技術）を活用して，自ら主体的に解決する取り組みのことを示している。

❸ 日米におけるシビックテックの取り組み

（1）米国におけるシビックテックの取り組み：Code for America

　シビックテックという言葉は，2012年から米国で使われ始め，2014年頃から日米において普及が始まり，同様に2014年頃からシビックテックに関係があるとされるオープンデータ，ハックとマラソンを掛け合せた造語であるハッカソンも普及し始めた（榎並 2018）。

　このきっかけは，2009年に発足したオバマ政権の「オープンガバメント」イニシアティブおよびデータの公開・共有の推進である（野村 2017）。オバマ大統領は就任初日に，「透明性」，「参加」，「協働」の三原則を示した（宇野 2017）。これは行政自身の変革のためで，透明性に関しては「米国の情報公開法の運用の改善とともにオープンデータの開始」につながり，参加については「行政側で考える政策提案以外にも積極的に市民の意見を聞いていこう」という考えであり，協働については「実際に政策を実行する場合に，行政だけでやるのではなく，市民の力を巻き込んで政策の実行の一端を担ってもらおう」というものであった（奥村 2017a）。この公的分野におけるITの活用は，ガバメントテックと呼ばれ，シビックテックと共に注目を集めるようになっている。

　2013年の大統領令や2014年のデータ法のようなオープンデータの公開を義務付ける法整備等の連邦政府の取り組みと並行して，各州，各都市でも，先進的な取り組みで知られるサンフランシスコ，シカゴ，ボストン等では，市レベルでIT政策の責任者であるCIO（Chief Information Officer），CTO（Chief Technology Officer），CDO（Chief Data Office）といった役職を設置し，オープンデータを活用したビジネス創出に取り組んでいる。加えて，このような政府の動きとは別に，シビックテック・コミュニティが登場し，特に代表的なCode for Americaが"21世紀における政府は，市民のために働き，市民によっ

て運営されるべき"との理念の基，ITの専門家によりサンフランシスコで設立された。Code for Americaは，デジタル・ITを中心に社会に貢献することを目指し，①デジタルスキルに秀でていること，②市民のニーズを中心に考え，政策とその実装を整合性のとれたものにすること，③市民が行政に関与し，参加するためのプラットフォームとなることの3つの原則を掲げて活動している。その主な活動は，①地域課題解決のためにエンジニアを自治体へ派遣するフェローシッププログラム，②Brigade（全米各地で上記と同じ目的で設立された各地域のシビックテック・コミュニティ（Code for Boston等））支援，③スタートアップ支援，④行政機関リーダーへのトレーニングセッション開催，⑤受託開発，⑥欧州，日本，台湾等世界のコミュニティを結ぶCode for All運営，⑦Code for America Summit開催等である（野村 2017）。

　Code for Americaは，事業規模が財団からの助成金，企業からの寄付等含め2014年で約1,160万ドル（約13億円）と非常に大きいことも特徴である。加えて，これらの活動から，優れたエンジニアの公共セクターへの人材プールとなり，自治体情報部門の幹部へのキャリアパスや起業家も生まれる等，エンジニアの憧れの職場ともなっていることも大きな特徴である（榎並 2018; 白川 2018）。ただし，最近は寄付企業の撤退等，予算面で厳しい状況にあるという（榎並 2018）。

（2）日本におけるシビックテック1：Code for Japan

　1995年の阪神・淡路大震災時，未曽有の被災にあえぐ現地の救援ニーズに臨機応変に多くのボランティア団体が対応した。その後2011年の東日本大震災が，日本のIT技術者によるテクノロジーを活用したボランタリー活動の契機となり，この経験とCode for Americaの活動に啓蒙を受け，2013年10月にCode for Japanが一般社団法人として設立された（白川 2018）。Code for Japanは，"ともに考え，ともにつくる"を掲げ，その主な活動は，①地域フィールドラボ，②Brigade連携支援，③フェローシップ，④データアカデミー，⑤省庁・自治体からの受託開発である（竹下 2020）。以下に，これら①

から⑤の活動（2019年10月時点）について説明する。

① 地域フィールドラボ（旧称コーポレートフェローシップ）

自治体から連絡を受けたテーマについて，テーマ毎に企業とマッチングし，企業が選抜したITリーダー人材を自治体に派遣（期間は約3ヶ月）して，各テーマについて自治体職員との協働により解決することを目指すものである。2014年10月から始まり，2019年10月時点で派遣中を含めて計58名（28の企業が22の自治体へ派遣）の実績となっている。それらのテーマは，ICT活用，データ利活用による行政サービス向上，防災，労働力不足解消，働き方改革等が多い。人材を受け入れる自治体は，神戸市が11名で最も多く，鯖江市と鎌倉市が6名と続いている。

② Brigade連携支援

Code for Summit等の開催とBrigade活動支援を実施している。Code for Summitは，毎年1回開催される全国のシビックテック団体，思いのある個人等が1,000名規模で一同に会する場（図表11-2）である。また，Brigade活動支援では，Brigadeが活用できるソフトウェア無償枠を企業に依頼して確保する等の支援活動を行っている。

③ フェローシップ

地域フィールドラボとは異なり，技術者が期限付きで自治体と雇用契約を結ぶ任期付職員としての活動である。自治体の内部に入り込んでコンサルティングを行い課題解決を図る活動であり，2019年10月時点で計6名の実績がある。しかし，地域フィールドラボとは異なり，企業人には転職となるためハードルが高く，人材確保が難しい。

④ データアカデミー

データ利活用の研修提供のことで，自治体のデータ活用力向上に貢献してい

図表11-2　プログラム (“あなたの知らないまちづくりゲームの世界”の一コマ) 一例 (2019 Code for summit にて)

出所：筆者撮影。

る。

⑤ 省庁・自治体からの受託開発

　2018年から開始し，2018年は中小企業庁のアジャイル開発を受託している。アジャイル開発は，仕様や設計の変更があるという前提のもと，厳密に仕様を決めることなく，おおよその仕様だけで短期間での開発を開始し，小単位での「実装→テスト実行」を繰り返し，徐々に開発を進めていく手法で，DXに適しているため注目を集めるようになっている。そのため，本受託は行政機関としてはほとんど前例のなかったアジャイル開発の貴重な実績となっている（陣内 2019）。

　Code for Japanは，Code for Americaの10億円を超える年間予算に比べ，2019年10月時点で，予算は年間約6,000万円規模，専属メンバは2.5名である。また，受託事業のため一般社団法人化している。

図表11-3　5374アプリ

出所：5374アプリwebページより。
http://5374.jp/

（3）日本におけるシビックテック2：Code for Japan Brigade

　Code for Japanと同様にCode for Americaの活動に啓蒙されたメンバによって，Code for Japan設立よりも若干早い2013年5月にCode for Kanazawaが設立された。Code for Kanazawaは，ゴミをいつ捨てれば良いか，どのゴミがどういう種類のゴミかが分かるアプリケーション5374（ゴミナシ）を開発（図表11-3）し，実に全国約120の都市にまで展開されている（福島 2019）。

　Code for Kanazawa設立以降，各地でCode for Kobe，Code for Ikoma等のBrigadeが立ち上がり，2019年10月時点で，約80以上のBrigadeが全国に設立され，4年ほど早く立ち上がったアメリカと同等数のBrigadeが活動している裾野の広さも日本の特徴である（竹下 2020）。

　Code for Japanと各Brigadeの組織形態は，Code for Japanの下に各Brigadeが位置するガバナンス型ではなく，並列な関係（各地域の事は各地域の市民で

あるBrigadeが対応）となっていることが特徴である（稲次編，鈴木・福島著 2018）。また，猫や雪に特化したCode for CATやCode for雪等も含め，これらのBrigadeは，コミュニティメンバ間でのゆるいつながりを重視し，事務コストがかかるため法人化は不要だと考えている（榎並 2018）。また，各Brigadeの代表は，IT企業の経営者，IT企業社員，公務員，その他社会人に分類でき，比率はそれぞれ約20 〜 25％である（竹下 2020）。

（4）日本におけるシビックテック3：その他のコミュニティ

Code for Japan/Brigade以外にも，日本には数多くのシビックテック・コミュニティが存在することが特徴である。例えば，千葉県では，シビックテックゼン千葉という複数のシビックテック・コミュニティのアライアンスが見られる。

Code forコミュニティと同様，グローバルに広く活動しているシビックテック・コミュニティにCoderDojoがある。CoderDojoは，2011年にアイルランドにて設立された7〜17歳の子供たちを対象にプログラミングの場を提供する非営利のプログラミングクラブである。日本は2012年からスタートしており，2019年11月時点では，世界で約110カ国2,000のDojo，日本では192のDojoが活動している。CoderDojo Japan理事兼Kashiwa運営者M氏によると，CoderDojoは，一般的な授業形式の教室とは異なり，子供たちが各自興味のあること，やってみたいことを開発し，分からない所，困った点等を大人にアドバイスしてもらう（大人が寄り添う）という自主性に任せた形式が特徴である。

また，CoderDojoも，Code for Japan/Brigadeと同様に全国のDojoの活動を支援するCoderDojo Japanが組織されており，CoderDojo Japanと各Dojoの関係も同様に並列な組織形態をとっている。また，子供たちも大人も参加の義務はなく，開催頻度もおおよそ月に1回程度とすること，大人が誰も参加できないときはあえて開催しない等，ゆるい関係にすることが活動継続の秘訣となっている（竹下 2020）。

❹ コミュニティと地域活性化

　日本はポスト成長の時代を迎え地域再生（地域活性化，地方創生）が注目されている。橋本（2016）は，「地方創生は，"住み・働き・憩う"（あるいは"居・食・住"）という地域生活の3要素のうち，生活の基本である"働く"とほぼ同義の経済活性化を中心的な目標にしつつも，過疎衰退が進んだ地方の実態に合致させるために，残りの"住み""憩う"という2つの要素を考慮して，"生活の質（QOL）"追及の比重を高めるもの，あるいは高めたものにならざるを得ない。」と述べている。つまり，現在は地方/地域，自治体およびそこに暮らす市民とその生活へと主体が変化しており，特に，"経済"だけでなく，"生活の質"に注目が集まってきていると言える。また，内閣府経済社会総合研究所（2016）は，地域活性化のためにはNPO等を活用し，その活動の中から人材を発掘・育成することが重要であるとしている。廣田（2016）は，近年全国的に地域コミュニティが弱体化していく傾向がみられ，自治体が抱える重要な課題のひとつとなっており，地域コミュニティの活性化には，適切なソーシャル・キャピタルを蓄積し育てていくことが重要であると述べている。一方，奥村（2017b）は，オバマ政権から始まったオープンガバメントを進めて，「市民参加型社会」によるオープンガバナンスを築くことの重要性について，「"市民も変わる""行政も変わる"の旗印のもと，行政は"透明"になり市民は"参加"をめざし両者が"協働"する。この三つがオープンガバナンスの原則で，デジタル時代を背景に実現可能となった"新しいデモクラシー"といえるだろう」と述べている。このように，地域活性化のため，生活の質を向上するには，コミュニティ活動が活性化することが重要で，市民参加型社会に繋がるシビックテック・コミュニティの全国での広がりはまさに時代が求める活動と言えるであろう。

❺ Code for Japan/Brigade，自治体，企業の協働による地域エコシステム

　日本のシビックテックの課題について，松崎（2018）はCode for Japan代表の関のコメントとして，①資金とマーケット創出，②翻訳者（トランスレーター）の不在（すなわち自治体のシビックテックへの認知度向上），③（自治体の）横展開意識の欠落，④オープンデータの課題，⑤地域フィールドラボ，フェローシップ後のキャリアアップの機会が乏しい点を指摘している。以下では，Code for Japan/Brigade，自治体，企業の協働に着目し，その効果が及ぼす作用について考えてみたい（図表11-4）。

　まず，自治体がCode for Japanによる地域フィールドラボやフェローシップのIT人材（DX人材）を受け入れたり，データアカデミー研修を意識的に受けることで，自治体にハッカソンやアジャイル開発といったDXの最新スキルが導入される。そこでは，自治体職員と外部DX人材との協働により，局所的なオープンイノベーションが発生すると考えられる。一方で，多くの自治体職員も個人としてBrigade活動に参加しており，そこで多様性を持つメンバ（市民）と協働を進める中で，地域課題そのものを市民の目線で再発見することが可能となると考えられる。このように，DX人材との協働を経験し，シビックテックへの認識/理解が大きく向上した職員が増加することで，②翻訳者不在は解決に向かう。また，自治体によるオープンデータ化の促進や利活用も進み，④オープンデータの課題も解決に向かう。さらに，このようなオープンな自治体同士が連携し，個々の自治体が個別に独自システムを構築するのではなく，オープンソースを活用したり，自治体のシステムを横展開することで業務効率化やITコスト削減等に繋がるものと考えられる（③横展開意識の欠落の解決）。また，企業にとっては，地域フィールドラボ，フェローシップに人材を送り出すことで，社員が外部（地域社会の課題）から刺激を受けることとなり，社員の成長・モチベーション向上や，さらには新規事業開発・本業強化への効果が期待できると考えられる。加えて，この活動への協力は社会貢献のみならず，

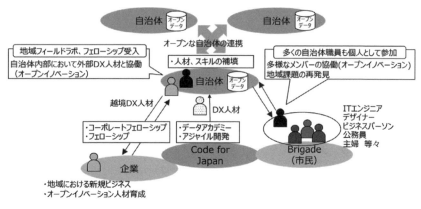

出所：筆者作成。

最近注目されている副業/兼業や働き方改革の施策の一環として，より需要が
増えるのではないかと推測される。このような企業の理解が更に進むと地域
フィールドラボやフェローシップ経験者のブランド価値向上（⑤の解決）にも
繋がるものと考えられる。今後，Code for Japan/Brigade，自治体と企業の三
者が共通の目的意識のもとで，各地域における協働事例を検証し，経験・スキ
ルのナレッジ化，シェアする仕組みを構築することができれば，普及がより促
進されるであろう。

　上記3.2で前述したように，地域フィールドラボを多く受け入れている神戸
市は，初期に生活協同組合が産まれ，早くからCode for Kobeが立ち上がり，
またオープンガバメントも積極的に推進している（例えば，神戸市webペー
ジ参照）。鯖江市はデータシティとして早くからオープンガバメントに取り組
んでおり（例えば，鯖江市webページ参照），鎌倉市は鎌倉バレーと呼ばれる
IT企業集積が見られる。このようなITに関するソーシャルキャピタルの蓄積
がなされている自治体から地域活性化が進んでいくと思われる。加えて，地域
におけるこのような協働によるエコシステムが構築されれば，自治体のIT調
達も地元中小・ベンチャーのIT企業活用が増加すると期待できる。これは①

マーケット創出の解決にも繋がり，そうなると，それらの企業からBrigadeで活動するIT技術者の増加や，地域フィールドラボへの候補が産まれる正の循環になるであろう。

❻ ガバメントテックを支えるシビックテック

　COVID-19への対応で，日本のIT化の遅れが浮き彫りになった。例えば，内閣府副大臣はインタビューで，「政治家サイド，自治体サイドが意識を強く持ってデジタル化をやってこなかった」「日本のデジタルガバメントは10年遅れている」と述べている（Bloomberg 2020）。

　令和2年度 年次経済財政報告（2020）のIT人材が従事する産業の各国比較から，日本では実にIT人材の70%以上がIT業界に所属しており，事業会社，自治体などユーザ企業に所属し，所属する組織内部においてIT活用，DXを担うべきIT人材は30%にも満たず，65%がユーザ企業に所属するアメリカと比べるとほぼ逆の結果となっていることが分かる。更に，IT人材が従事するIT産業以外の産業内訳から，日本において，IT人材の所属が情報関連産業に偏り，特に公的部門で少ないことが指摘されている（図表11-5）。このように，アメリカと比較すると圧倒的に公務（行政）に従事するIT人材が少なく（約1/10），このこともデジタルガバメントが遅れている原因の一つであると考えられる。

　今回のコロナ禍では，企業等が取り扱うデータは個人情報保護法が一括して扱うのに対し，都道府県や市区町村が持つデータについては各自治体が条例や運用ルールを独自に定めており，全国の約2,000の自治体ごとにルールが異なることから「個人情報保護法制2000個問題」も問題となった（Line株式会社が，個人に合った新型コロナウイルス関連の情報提供サービスの開始を試みたところ，この2000個問題が壁となったのである（日経クロステック 2020））。一方では，東京都がヤフー株式会社から副知事を招き，Code for Japanが東京都より受託開発した新型コロナサイトが全国の注目を集めている。このよう

図表11-5 IT人材が従事するIT産業以外の産業内訳（日米比較）

①日本（IT人材が所属するIT産業以外の産業27.7%の内訳）

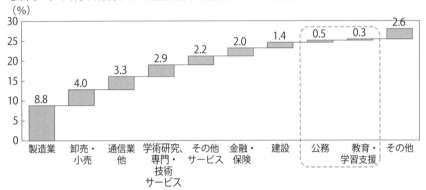

②アメリカ（IT人材が所属するIT産業以外の産業64.5%の内訳）

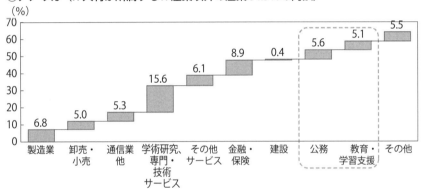

出所：内閣府（2020）。

に，自治体における急速なIT化の必要性，また，オープンデータを国，自治体，市民，企業が統合的に使えるルールや仕組みの整備の必要性が認識された。自治体のみでは，これら全てに対応することは困難であり，ガバメントテックに対するシビックテックの役割は，今後ますます大きくなると考えられる。特に日本では，Code for Japan/Brigade等によるシビックテック活動が官公庁のみならず，地方自治体のガバメントテックへの貢献も非常に重要になる

であろう。

❼ まとめ

　橋本（2013）は"コミュニティが生まれたり，情報の交換が頻繁に行われるようになると地域は活性化したということができるのではないか"と主張している。シビックテック活動による多くのコミュニティの発展は，まさに地域活性化に有効である。

　IT人材のみならず，多くの価値観を持つ多様性ある市民が協働するコミュニティとしてシビックテックは機能している。市民が主体となり，地域の特性を活かした社会を創造することで生活の質は向上する。多様なコミュニティが有機的につながり，その活動が継続することが肝要である。

ディスカッション

1. 身近なシビックテック活動について，どのような活動によって地域に貢献しているか調べてみよう。
2. それらのシビックテック以外に，QOL向上に"あったらいいな"と思える活動はどのようなものがあるか考えてみよう。

【参考文献】
稲継裕昭編（2018）『シビックテック』勁草書房
宇野重規（2017）「オープンガバナンスの時代へ：現代民主主義にとって大きなチャレンジ」『Voice』第471号，pp.154-156
梅村仁（2019）『自治体産業政策の新展開—産業集積の活用とまちづくり的手法』ミネルヴァ書房
榎並利博（2018）「シビックテックに関する研究：ITで強化された市民と行政との関係性について」『研究レポート』富士通総研経済研究所，第452号，pp.1-59
奥村裕一（2017a）「市民参加型のオープンガバナンスに向けて」『ガバナンス』第200号，pp.41-43

奥村裕一（2017b）「オープンガバナンスの時代へ：現代民主主義にとって大きなチャレンジ」『Voice』第471号，pp.156-157

白川展之「日本におけるシビックテック・コミュニティの発展—国内外のネットワーク形成とCode for Japan」『経営情報学会誌』第27巻第3号，pp.208-220

陣内一樹（2019）「行政システムはアジャイル開発で変わるのか？—中小企業庁とCode for Japanのアプリ開発プロジェクト」『行政＆情報システム』第55巻第5号，pp.34-39

総務省（2018）『情報通信白書』日経印刷

総務省（2019）『情報通信白書』日経印刷

竹下智（2020）「市民活動（シビックテック）の継続と発展に関する考察：Code for Japan/Kobeの活動を事例として」『地方自治研究』第35巻第2号，pp.25-37

内閣府経済社会総合研究所（2016）『ソーシャル・キャピタルの豊かさを生かした地域活性化 滋賀大学・内閣府経済社会総合研究所共同研究地域活動のメカニズムと活性化に関する研究会報告書』

内閣府（2020）『令和2年度 年次経済財政報告（経済財政政策担当大臣報告）』—コロナ危機：日本経済変革のラストチャンス

ナイト財団（2013）「The Emergence of Civic Tech: Investments in a Growing Field」https://www.slideshare.net/knightfoundation/knight-civictech/6-6Civic_Tech_A_Convergence_of（2020年5月23日閲覧）

日経クロステック（2020）「都道府県とLINEの新型コロナ対策が苦戦，立ちはだかる「2000個問題」」https://xtech.nikkei.com/atcl/nxt/column/18/00001/04035/

野村敦子（2017）「公共分野におけるデジタル変革をいかに進めるか：アメリカにみるシビックテックの動向と課題」『JRIレビュー』第3巻第42号，pp.2-36

橋本行史（2013）「コミュニティFMの地域活性化ツールとしての可能性」『関西実践経営』第45号，pp.17-26

橋本行史（2016）「地方創生時代の地域デザイン」『関西実践経営』第52号，pp.1-12

廣田有里（2016）「プログラミング教室を軸とした持続発展可能な地域コミュニティの研究—CoderDojo Kashiwaを事例に」『江戸川大学紀要』第27号，pp.273-279

福島健一郎（2019）「シビックテックコミュニティによるジオデータ利活用の可能性」『先端測量技術』第112号，pp.31-41

松崎太亮（2017）『シビックテックイノベーション』NextPublishing

Bloomberg（2020）「日本のデジタル化は「10年遅れ」，コロナ契機に転換を」
https://www.bloomberg.co.jp/news/articles/2020-05-21/QAKJICT1UM1201

竹下　智

コロナ禍でのCode for Japan/Kobeの状況

　コロナ禍で，シビックテック活動はどのような状況になったのか。Code for Japan事務局長の陣内氏，Brigadeのひとつである Code for Kobe 代表の西谷氏に，それぞれ2020年の振り返りと今年度（2021年度）の計画を語ってもらった。

1. Code for Japan（陣内事務局長インタビュー：2021年3月10日）

　本文で紹介した東京都から受託開発した東京都新型コロナウイルス感染症対策サイトがグッドデザイン賞を受賞したことなども手伝って Code for Japan/Brigade の活動自体が広く認知された一年となった。Code for Japan の Slack 参加者は，コロナ前後で，約400名から4,700名と急増している。

　NPOからの問い合わせも増加し，その中から，例えば，静岡でフードバンクを運営するPOPOLOとの協業に繋がった。

　主要な活動（3.2で紹介）は苦戦を強いられたが，オンラインイベントを数多く開催することにチャレンジした。年に一回開催するサミットでは，オンサイトの例年は約700〜1,200名の参加であったが，オンラインとすることで全国から約4,000名の参加となった。2021年は仙台での開催を予定しているので，興味ある方は是非参加して欲しい。

　今年度は，年度予算，事務局メンバ数ともに拡大し，DIY都市（Do it yourselfで都市を作っていく）をコンセプトにスマートシティ事業にも取り組みたいと考えている。

2. Code for Kobe（西谷代表インタビュー：2021年3月9日）

　他のBrigadeも同様と思うが，オンサイトで集まることが難しくなり，オンラインで多くのメンバが参加できる開催方法を模索している所である。例えば時間帯について，従来の夜19時開催では会社帰りに参加できても，帰宅後では間に合わない等の問題が発生し，開始時間を19→20→20：30に変更するなど手探りの状況にある。シビックテック活動は，エンジニアと非エンジニアのコラボレーションが価値を産むため，主婦，ビジネスパーソンなど多様なメンバが参加

しやすい企画なども検討したい。

　Code for活動の課題の一つに，法人格がなく自治体や企業との契約が困難であること，法人格を得ると副業禁止規定に抵触する場合があること，金銭的な負担があると頑張れば頑張るほど疲弊することなどがある。これを解決するスキームとして，コミュニティとしてのゆるいボランタリーな繋がりだけでなく，事業として資金を確保することを両立するため，法人格を備え，報酬を得ることも可能で，コミット度が少し高い企業組合（Code for Co-op）を設立をした。これは，雇用関係を結ぶのではなく組合員として活動可能で，かつ副業規定を回避しつつ，出資配当金の分配受取が可能なスキームとなる。2020年6月に設立総会を開催し，神戸市の認可を経て，2020年10月に登記が完了したところである。各Brigadeも活用できるプラットフォームなので，必要に応じて活用してもらいたいと考えている。今年度は，設立総会など含めそのための啓蒙を心掛けたい。

　このように，例えば，生活協同組合の発祥の地である神戸から同様の理念を持ち，活動を継続するための一つの工夫となるCode for Co-opが産まれるといった興味深い動きも見られるなど，コロナに負けることなくシビックテック活動は試行錯誤をしながら力強く前に進んでいる。今後の市民の"生活の質"向上に大いに貢献することを期待したい。

第12章
多文化共生と国際教育

❶ はじめに─日本における在留外国人の増加

　グローバル化が進展する中で人・モノ・カネ・情報の流動性が高まっている。それぞれの都市や地域は，都市の規模に応じた世界的な都市・地域間競争のなかにある。とりわけ，新興国の発展など経済社会環境の変化を受けて，企業や人材が集まり成長する地域と，よりいっそう良好な環境を求めて流出することにより衰退する地域が生まれる。

　日本の人口は2009年から2019年までの間に1億2,751万人から1億2,644万人へと107万人減少した。少子高齢化による日本の人口減少は，消費が減少することによる経済の悪化，福祉や医療への国の財政支出が増えることによる生産年齢人口への税負担の増加，地方における過疎化のいっそうの進展といった多くの課題をもたらすとされている。一方で，日本に中長期間にわたり居住する在留外国人は213万人から283万人へと70万人増加した。2015年ごろから毎年10から15万人の規模で在留外国人が増加している。これには，母国を離れて日本で暮らすことに価値を見出す外国人が一定数いることを示す。

　日本に在留する外国人は，留学や技能実習，大学教授や経営・管理といった専門的・技術的分野，日本人の配偶者といった身分又は地域に基づく在留資格が認められており，特に留学や技能実習の資格で在留する外国人の増加が見られる。技能実習は，日本で培われた技能，技術又は知識の開発途上地域等への移転を図り，その地域での経済発展を担う「人づくり」に寄与するという国際協力の理念に基づき実施される。外国人の技能実習生が企業等と雇用関係を結び，出身国において修得が困難な技能等の修得・習熟・熟達を図るもので，期間は最長5年とされている。2019年には約38万人の外国人技能実習生が日本

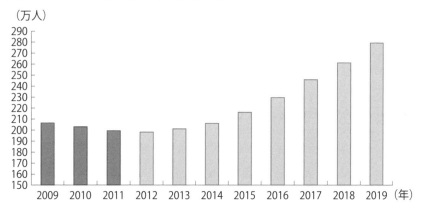

図表12-1　日本における在留外国人数の推移

（万人）

出所：法務省統計資料。

にいる。

　さらに，日本の経済社会の活性化や一層の国際化を図る観点から，専門的・技術的分野の外国人労働者の受入れをより積極的に推進するため，2019年4月から新たな在留資格である「特定技能」が追加された。これにより，介護，外食，建設，ビルクリーニング，農業，宿泊など14分野において一定の専門性・技能を有し即戦力となる外国人の受け入れが始まっている。

　本章では，この日本の人口減少を補完し，一方でより積極的にとらえて地域の多様性を高めイノベーションを生み出す存在としての外国人の流入についてオーストラリア・メルボルンと大分県・別府市の事例を中心に考察する。

❷ 住みやすい都市と地域活性化
　　—オーストラリア・メルボルン

　新型コロナウイルスの流行前まで，オーストラリアは1991年から先進国でも有数の長期間にわたり経済成長を達成してきた。1990年以降のオーストラリアにおける人口の傾向をみると，2007年の世界的な金融危機の影響は見ら

図表12-2　オーストラリアの高等教育における留学生登録数の推移

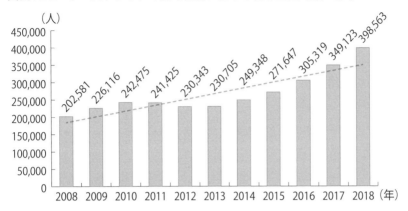

出所：オーストラリア国会図書館資料をもとに筆者作成。

れるものの上昇傾向が継続しており，2005年ごろからの10年間では毎年30
～40万人程度人口が増加し，そのうちの20万人程度が移民である。海外から
オーストラリアを訪れ，そこに定住するきっかけになるのが留学である。オー
ストラリアの高等教育における留学生の登録数の推移を見ると，2010年前後
の約20万人から2014年以降毎年2～5万人増加し，2018年には398,563人の
留学生の登録が見られるようになっている。

　さて，世界の政治経済と社会文化に多様な影響を与える世界都市は，国境を
超えて事業活動を行う多国籍企業の本社など中枢部分が立地し，より良い経
済・生活環境を求めて国を出る移民にとって到達すべき目的地とされてきた。
これらの都市は，ロンドンや東京のような首都，ニューヨークやトロントのよ
うな経済的な首都，上海やインドのムンバイのような世界有数の巨大都市であ
り，世界から多くの投資が集まり，人口が集中して都市機能が集積することで
国際的な競争力を高めてきた。一方で，人口が過度に集中することなく，コン
パクトな都市構造を維持しながら，住みやすさと革新性を打ち出し人材を集め
ている都市がメルボルン（Melbourne）である。英国の研究機関によって
2018年まで7年間にわたり「最も住みやすい都市（The Most Livable City）」

207

ランキング第1位に選出されている。

　オーストラリアの南東部にあるビクトリア州メルボルンは，オーストラリアの中でも特に人口が増加している地域であり，同州のビジネス，行政，文化，レクリエーションの中心地である。メルボルン市の面積は37.7km²で居住人口は約17万人（2018年）であるが，同市と郊外で構成されるグレーターメルボルン地域全体での面積は約1万km²となり，人口は約500万人となる。毎年100万人以上の海外からの観光客が訪れ，公用語は英語であるが，市の住民は100以上の言語を話している。

　メルボルンのあるビクトリア州がオーストラリアの総陸地に占める割合は3％だが，その経済規模はオーストラリアの国内GDPの22％を占める。国際教育産業は同州にとって食品・繊維部門に次いで第2位に位置する輸出産業である。州において過去20年間で約100万人の留学生が州内の大学や職業教育訓練学校を卒業した。国際教育は10年以上にわたり成長してきたビクトリア州最大のサービス輸出産業であり，その規模は430億オーストラリアドルを超え，2014年時点で約3万人の雇用を生み出している。ビクトリア州における留学生数は2002年から2014年の間に2倍以上になり，年間平均8％の割合で増加し，オーストラリア全体の留学生の入学者の29.8％を占める。留学生の出身地は中国・インドをはじめベトナム，マレーシア，インドネシアなどの東南アジアを中心としている。

❸ 国際教育産業クラスターとしてのメルボルン

　ある特定の空間に同一業種，あるいは生産工程上で緊密に結びついた業種群が集結していることをクラスター（産業集積）という。日帰りできるくらいの一定の地理的範囲内に特定の分野の企業や研究機関が集積して競争と協働を繰り返し，共通して高度なインフラを活用し，その産業に適合した労働力がその地域で訓練され，業界で共通に活用される補助的な産業（サポーティングインダストリー）を生み出す，地域の事業者や労働者は共通した価値観や文化を有

するようにもなる。

　ビクトリア州政府は，国際教育産業クラスターを地域の特色として，戦略的に同分野を発展させる産業政策を実施している。2016年に州政府が策定した「国際教育産業戦略」によれば，ビクトリア州は，地域の大学や教育機関，それを支援する行政，留学生向けの住宅を提供する企業をはじめとする関連企業群を「世界レベルの企業」と位置づける。世界で最高レベルの教育を提供できる地域としての国際的なブランドイメージを構築し，海外の事業者を呼び込む，あるいは州政府がリーダーシップをとって大学等とともに世界各地に使節団を派遣し海外市場開拓を行っている。また，ビクトリア州にある大学は積極的に海外へとアプローチしており，特にモナッシュ大学は「ビクトリア州最大の輸出企業」と認識されている。輸出とは「貨物を国の領土から外国に向けて移動させる一連の行為」とされる。ここでは，大学が留学生に高等教育というサービスを提供することが外需の取り込みになる。

　メルボルンにおける地元自治体の取り組みをハードとソフトの2つの観点からみると，ハード面では街の景観を重視し，デザイン性の高い建築物を推奨するとともに，学生向け住宅を整備し，街中の道路等標識をわかりやすくしている。交通面では，市内中心部のトラム（路面電車）を無料にすることで，公共交通機関の利用を高めるとともに，中心部において徒歩で活動する人口を高め，交通量を増やすことでビルの1階部分の店舗に多くの客が訪れ，中国，日本など様々な国の食が楽しめる多くのレストランやカフェの立地を推奨し，活気のある街並みの形成につながっている。

　ソフト面では，州政府や市役所は行政サービスの情報提供や様々な相談業務で多言語対応を実施している。メルボルン市が提供する翻訳サービスでは，アラビア語，ギリシャ語，ヒンズー語，インドネシア語，イタリア語，韓国語，中国語（Mandarin），広東語，スペイン語，トルコ語，ベトナム語，ソマリア語で，高齢者や障がい者へのサービス，ゴミ処理，家族や子供向けサービスなどの相談に応じている。自治体は地域の歴史文化を伝える移民博物館を運営し，先住民族への配慮をホームページや行政情報冊子の様々なところで明示

図表12-3　メルボルンの路面電車と町並み

出所：筆者撮影。

し，留学生の到着時には州知事による歓迎式典を行うことで，寛容性，多様な
文化を尊重し許容する風土の形成を進めている。このような取り組みを通じて
州政府はメルボルンを「世界で最も住みやすいまち」として積極的に情報発信
している。

❹ クリエイティブクラスの集積と地域ブランド

　今日の知識社会において地域活性化の重要な視点は「どのようにしてイノベーションを生み出すか」である。それぞれの地域の発展は，その社会，文化，政治といった要素の影響を受ける。それぞれの地域社会や地場産業は慣習や取引によるつながりのなかに存在する。このような関係性を埋め込みというが，それが強度な場合は新しい技術や社会の変化に対応できないロックインの状態に陥る場合がある。

　既存の地域資源を活用したり，生み出されるモノやサービスの新しい利用方法，その加工・提供方法をつくりだすといったイノベーションは，地域社会や経済，産業構造にポジティブな変化をもたらす。そのようなイノベーションを地域において生み出す人々をクリエイティブクラスという。このような，意味のある新しいものを創り出すことに従事する人々は，科学技術者，アーチスト，文筆家，金融サービスや法律などに関連する知識集約的職業に従事し，仕事のある場所に移動するのではなく，暮らしたいと考える場所に移動するという性質を持つとされる。そこから，地域活性化の取り組みとしてクリエイティブクラスを引きつけるような場所を作り出す，都市の中心部の文化的機会といったアメニティへの投資に加えて，異質な者に対する寛容性のある空間の創出が必要とされる。先にみたビクトリア州における取り組みは，このようなクリエイティブ都市論のもとでの「世界で最も住みやすい都市」という地域ブランドを構築する取り組みといえる。

　地理的な環境や条件から国の政治や経済に与える影響について考える地政学の観点でみれば，オーストラリアの周辺地域には，中国，インド，インドネシアやベトナムといった人口も多く，急速に経済成長している国々がある。ある国の人々を所得階層ごとに高所得層，中間層，低所得層の3区分に分けたとき，これらの新興国では中間層が増加しつつある。メルボルン地域は周辺にある非英語圏の国々の中間層の教育ニーズの高まりに応じた，世界レベルで高品質の教育サービスを提供できる国際教育産業クラスターを有しており，多様性を受

け入れる住みやすいまちとして自らを位置付ける地域ブランディングにより，能力の高い人々の移住による地域社会経済の活性化をめざしている。

教育機会は地域社会との関係性の始まりであり，メルボルンで学ぶ外国人留学生たちは，そこで得た学位や技能，人脈を活かして同地で就職し，場合によっては母国から親族を呼び寄せることで，さらなる多文化の環境が構築されていくことになる。なお，地域の行政機関，学術機関，産業界が，それぞれ単独に自らの事業拡大や取り組みを進めるのではなく，目的を共有して相互に影響を与えあいながら共に進化していく制度的枠組みを3重らせん（トリプルヘリックス）という。メルボルンでは民間企業，行政，市民が一体となって大学の海外とのネットワーク機能を重視し，地域全体が「世界レベルの企業」として留学生を迎える体制を整備している。

❺ 地域資源としての留学生—大分県・別府市

大分県は人口あたり留学生数が全国トップクラスという特徴を地域活性化につなげようとしている。大分県が2011年に策定し，その後2019年に改定した大分県海外戦略では，「海外の成長を取り込みつつ共に発展する」という基本的理念のもと，「海外の活力を取り込む」「海外の人材を取り込む」「国際交流・国際貢献の推進」「国際人材の育成・活用」という4つの基本戦略を示している。

特に，「海外の人材を取り込む」という観点からは，留学生に対する各種支援や県民と留学生との交流促進により，留学生の県内定着促進を進めている。具体的には，優秀な私費外国人留学生に対して奨学金を交付し，留学生の地域における交流活動を促進するとともに，奨学生には県についての理解を深め海外への情報発信等に寄与してもらう。留学生の賃貸物件の保証やリユース物品の紹介等の生活支援を行うとともに，留学生人材情報バンクの運用による地域貢献活動の支援や，留学生が講師となる料理教室や語学教室の開催により，留学生の地域活動を支援している。

図表12-4　都道府県別大学・高専在籍留学生の状況

順位	都道府県名	留学生数（人）	人口（千人）	人口比（人）10万人当たり
1	京都	8,504	2,599	327.2
2	大分	3,504	1,152	304.2
3	東京	36,950	13,724	269.2
4	群馬	4,484	1,960	228.8
5	福岡	8,197	5,107	160.5
	全国計	126,393	126,708	99.8

出所：大分県（2019）p.24。

　この大分県の留学生の多くは，県内で大分市に次いで第2位の人口規模を有する別府市に居住している。別府市の人口は約12万人であり，約3,000人の留学生はほぼ立命館アジア太平洋大学の学生である。この大学は大分県と別府市が協力して誘致して2000年4月に開学したものであり，学生に占める日本人と留学生の割合がほぼ半数という特色のある大学である。地元自治体の問題意識として過疎の解消があり，県として定住人口の減少を食い止めると同時に交流人口の拡大も図ることができる方策として大学誘致に取り組んだ。大学の別府市への立地にあたっては，県と市から約200億円の補助と大学用地の無償譲渡などのインセンティブが示された。

❻ 外国人の起業支援

　大分県はグローバル人材である優秀な留学生の卒業後の県内定着を図るため県内での留学生の起業・就職支援を行い，留学生の活躍を「地方創生」に繋げるとして，2016年別府市に「おおいた留学生ビジネスセンター」を開設した。この施設は，個室3室とブース10席からなる起業支援室，交流スペース，セミナールーム，打合せ室，厨房設備があり，NPO法人大学コンソーシアムおおいたが運営する。事業内容としては留学生，留学生OBおよび留学生と協働して県内で新会社設立等を目指す個人や法人に対し，次のようなサービスを提

供する。

① インキュベーション・マネージャー等による起業支援相談
② 行政書士によるビザや会社設立登記等について相談会開催
③ 海外ビジネス，起業等にかかる各種セミナーの開催
④ 県内企業との交流機会の提供

特に，留学生が県の地域資源（観光，酒，農林水産加工品）を知り，収穫や酒造りなどの体験を通して将来の起業等に向けて実践的に学ぶ「おおいた留学生未来の社長塾」の実施，留学生の採用等に門戸を開いた県内企業情報や外国人材の具体的な活用事例を集めた「留学生就職ガイドブック」の作成・配布により，留学生の県内就職を促進している。また，「おおいた留学生人材情報バンク」は留学生に特化したマッチングサイトであり，1,000名を超える県内留学生が登録している。通訳・翻訳・語学講師・ビジネスアシスタントなど留学生の能力を活用する仕事について，人材がほしい県内企業と働きたい留学生をつなげる役割を果たす。

このように，地方都市で日本と異なる文化や価値観を有する留学生が地域にもたらす新たなアイディアをビジネスという形で具体化し地域活性化に結びつけることで，地域と留学生双方とも満足度を高めるような取り組みが様々な地域で行われている。

例えば，スペイン東部の大都市バルセロナでは人口の約20％を移民が占める。歴史的に南米のスペイン語圏から来た留学生が多く，それらの学生がスタートアップ（起業）するための手続を地元自治体は英語でサポートしている。起業を志す学生に対して，机や椅子がありインターネット回線が整備された仕事場所を半年や1年といった期間にわたり無償や低料金で提供する（テンポラリーオフィス）。留学生を対象としたビジネスプランを発表するコンテストを実施し，優秀者は銀行から有利な条件で融資を受けることができるなどの取り組みを行っている。

　日本の福岡市も，2014年にグローバル創業・雇用創出特区として国家戦略特区の認定を受け，「スタートアップしやすいまち」という地域ブランドを高め，閉校となった小学校をFukuoka Growth Nextという起業支援施設に活用して，起業に関する情報提供や相談サービス，働きたい人と企業とのマッチング，企業の海外展開に関する相談対応や情報提供を行っている。また，全国に先駆けて外国人が創業しやすいように在留資格の規制を緩和したスタートアップビザの受付を開始するほか，海外では台北（台湾）・シンガポール・エストニア・ヘルシンキ（フィンランド）・サンクトペテルブルク（ロシア）・バルセロナ（スペイン）・オークランド（ニュージーランド）といった都市と連携して，それぞれの起業支援施策の情報提供やビジネスマッチングイベントを行っている。

　このように外国人も含めて人々の新たなビジネスを始めたいという起業家精神に基づく活動を支援するため，起業に必要な経営上の知識を学び，既に起業した人からのアドバイスを受け，起業に必要な資金を提供する機関（ベンチャーキャピタル）などの前でビジネスプランの発表を行う機会創出などを，国内のみならず海外の都市と広く連携して行う仕組み（エコシステム）を構築する地域活性化政策が近年様々な地域で進展している。

　世界の諸都市でこのようなスタートアップ・エコシステムが構築されるのは，アメリカのシリコンバレーの経験を参考にしたものである。シリコンバレーでは外国の出身で科学技術の学位を得るために大学院に通う留学生が起業して，地域の社会経済に活力をもたらすとともに，科学的な知識やビジネスのノウハウをベンチャー企業にもたらしたとされる。地域活性化を求める世界の様々な自治体は，起業を支援する環境やルール（これを制度という）を世界標準に適合させて，優秀な人々を地域で育て呼び込むことに力を尽くしている。こうして，それぞれの地域の企業やそこで働く人たちが新しい知識にアクセスしてそれを吸収し，さらなる新しい知識を創造して伝播させる，集団学習による能力開発を促進している。

❼ 地方における外国人への期待と日本語学校の誘致

　地方都市では自治体が積極的に日本語学校を誘致するなど，地域社会を支える人口の確保の点から，在留外国人を求める必要性が生じている。在留外国人が増加している現状についてはすでに第1節で確認したが，図表12-5より2020年1月1日の外国人人口を5歳階級別に見ると，外国人で最も多い年齢階級は20〜24歳であり，20〜40代で全体の多くを占めていて若い世代が多いといえる。一方，日本人については40歳以上に大きな山があり，若くなるにつれて段階的に低くなっていることから少子高齢化がうかがえ，外国人と日本人とで年齢別の人口構成に大きな違いがあることがわかる。

　第5節において過疎への危機感から大分県が大学誘致を行ったことについてふれたが，他の地方都市においても同様の問題意識はあり，若い外国籍住民を地域に呼び込むことで地域の活力維持に取り組もうとしているところもある。佐賀県では2015年に，佐賀市中心部の市立バルーンミュージアムの4階に佐賀県・佐賀市の支援のもと日本初の産学官連携による日本語学校が立地した。この学校ではベトナム，ネパールそしてスリランカなどからの留学生が日本語を学んでいる。佐賀県には，フィルムコミッションという映画やドラマのロケ誘致を行う組織があり，これまでタイやフィリピンのロケ地となることで同国からの観光客増加に貢献してきた。この佐賀県フィルムコミッションの協力を得て日本語学校の留学生らが佐賀の魅力を伝える動画コンテンツを制作することで，地域の多様性を高めるとともに地域魅力の発見と国際的な発信につなげている。また，鳥取市ではベトナム籍住民が2013年の6人から2017年には108人に増加している動きを加速するために日本語学校の開設を支援し，2019年4月には鳥取城北日本語学校が開校している。

　これまで地方都市の産業政策は，様々な国の補助制度などを活用して工業団地や工業用水，高速道路等のインフラを整備し，都市部にある大企業の工場を誘致することが主たる取り組みであった。今日グローバル化が進むとともに産業構造としてもサービス化の流れが加速するなかで，地域活性化の観点からは

図表12-5　日本人と外国人の年齢階級別割合（2020年1月1日）

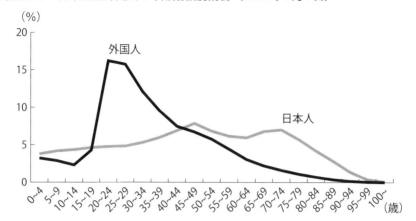

出所：みずほ総合研究所（2020）p.2（図表2）。

工場よりも「人」を誘致する必要性が高まっている。そのことから地方において人材育成を行う環境を整え，外国人を含む若い人々を地方に呼び込むことで活性化することの政策的重要性が高まり，大学や日本語学校を誘致するようになっている。

❽ おわりに

　本章では，グローバル化と少子高齢化が進む日本の地域活性化の可能性として在留外国人に焦点をあてて検討してきた。私たちの社会は身近なところに様々な国籍の外国人が住むようになってきている。今後，留学や仕事のために国境を超えて行き来する人々の数は増加するだろう。このとき，地域と海外との人的交流をどのようにして地域活性化につなげていくかが問題となる。

　オーストラリアのメルボルンでは，国際教育産業が地域における主要な輸出産業であり，大学を卒業した留学生がそのまま国際移民として地域に留まり専門職に就くことで地域人材の厚みを増し，経済発展の原動力となっている。別府市のような日本の地方都市においても，地域で学ぶ留学生が卒業後ある程度

は都市部に流出することはやむをえないが，地域において多文化共生と能力開発支援政策を推進することで，留学生が活躍できる場を創出し地場産業が発展するような状況を生み出せることが望ましい。別府市では2020年1月，別府ツーリズムバレー構想がとりまとめられた。そこでは「儲かる別府」の実現を図っていくために観光ビジネスにイノベーションを起こし続け，別府全体をキャンパスにした学び・実践の場を創出し，別府の観光産業を支える事業者の経営力の向上や，将来の別府を支える人財の育成を図るとしている。

これまでの多文化共生政策は，言語の問題があり就労面で不利とされる外国人への生活支援など福祉的な意味を持つと考えられてきた。しかし，外国人の存在が日本の労働力不足を補うことだけを目的とするものではなく，外国人の持つ価値観，経験，ネットワークを活用して地域の活性化に結びつける，多様性を元に地域の活性化を図る資源ととらえることが求められる。知識社会における成長の源泉は多様性によるイノベーションであり，外国人が地域に居住し，学び，働くことは，イノベーションにつながる可能性がある。それぞれの地域において国籍を問わず人々の能力開発を行う多文化共生の政策がこれからもいっそう求められる。

ディスカッション

1. あなたの地域にはどのような国から来た外国人が何人くらい居住しているか，その外国人を支援するため，自治体がどのような取り組みを行っているかを調べてみよう。
2. あなたの地域にはどのようなブランドがあるか，自治体などがブランドイメージを発信するため，どのような取り組みを行っているかを調べてみよう。

【参考文献】
アナリー・サクセニアン（2008）『最新・経済地理学：グローバル経済と地域の優位性』日経BP社
大分県（2019）『大分県海外戦略（2019〜2021）』

加茂利男（2005）『世界都市：『都市再生』の時代の中で』有斐閣

国際人材協力機構ウェブサイト

https://www.jitco.or.jp/ja/regulation/

サスキア・サッセン（2008）『グローバル・シティ』筑摩書房

出入国在留管理庁「新たな外国人材の受入れ及び共生社会実現に向けた取組」

http://www.moj.go.jp/content/001293198.pdf

電通abic project編，若林宏保・徳山美津恵・長尾雅信（2018）『プレイスブランディング：地域から"場所"のブランディングへ』有斐閣

公益財団法人福岡アジア都市研究所（2019）「『第3極』の都市2019」

http://urc.or.jp/wp-content/uploads/2019/04/2019CitiesOnTheThirdAxis_rev_web.pdf

みずほ総合研究所（2020）みずほインサイト「2019年の外国人人口は過去最高」

https://www.mizuho-ri.co.jp/publication/research/pdf/insight/pl200909.pdf

リチャード・フロリダ（2008）『クリエイティブ資本論：新たな経済階級の台頭』ダイヤモンド社

藤原直樹

コラム 地方都市における多文化共生：北海道・ニセコ

北海道のニセコ町，倶知安町，蘭越町を中心とするニセコ地域は標高1,308mのニセコアンヌプリを頂点に連なるニセコ山系，日本百名山の羊蹄山などの山々に囲まれ，清流日本一に選出された尻別川が流れるなど豊かな自然環境を有している。新型コロナウイルスの流行前には，パウダースノーと呼ばれる雪質の良さを目当てにオーストラリアやシンガポールの富裕層がスキー客として多く訪れていた。冬期シーズンにおけるニセコ地域宿泊者の8割が外国人であり，2000年代は外国人スキー客の約8割がオーストラリア人であったが，近年は香港やシンガポールなどアジア系の観光客が増えていた。一方で夏期シーズンでは観光客の8〜9割を夏のアクティビティを楽しむ日本人が占める。

ニセコ町の人口は約5千人，倶知安町の人口は約1万5千人である。定住外国人の人口割合として夏場が5〜7%，冬場は10%程度とスキーシーズンに外国人人口が増加している。地元の地域イベントでも外国人の子供が参加していることが多く，欧米などのカリキュラムに準じて英語で授業を行うインターナショナル

219

スクールが新たに開設されるなど，外国人が定住化しやすい環境が整いつつある。

　このような外国人の増加がもたらす課題として3点を指摘する。第1に，観光客で賑わう同地区でのビジネス機会を求めて，一部の外国人が土地や建物を購入した結果，2019年度にはニセコ周辺が変動率50％と日本において最も地価が上昇した地域となった。ニセコでは地域環境を守るため景観条例や水源保護条例，地下水保全条例による開発規制を行っており，住宅などを新たに建設できる土地が限られていることから，家賃が北海道の県庁所在地である札幌並みに高騰している。

　第2に，冬場の観光客が集中する時期のニセコの有効求人倍率は2.3倍であり，サービス業は5倍を超えていて著しい人手不足に陥っている。北海道の最低賃金は800円台半ばであるが，冬場のピーク時にはラーメン屋の時給が1100円，仕事によっては2000円近くまで上げないと人が集まらない。一方で，夏場の観光需要がそれほどないため通年雇用ができず，季節労働であるためサービスの質が上がらない問題がある。第3に，狭い地域に人口が集中していることから，夕方にスキー場やホテル等の従業員が一斉に帰宅することで一部道路が渋滞することも起きている。

　このような課題に対して地元自治体では，集合住宅建設の計画を進めるほか観光客のホテルとスキー場間の移動手段にバスを整備することで，観光客の利便性が良くなるとともに，従業員不足が問題となっているタクシーに変わる移動手段の確保などの対策を進めている。

索　引

221

【編著者紹介】

梅村　仁（うめむら　ひとし）……………………………………………序章・7章・10章
大阪経済大学経済学部教授，中小企業・経営研究所長，地域活性化支援センター長。
高知大学客員教授。
2011年　大阪市立大学大学院創造都市研究科博士後期課程修了，博士（創造都市，
大阪市立大学）。
1987年　高知大学人文学部卒業。1988年より尼崎市役所に入所。主に秘書，産業振
興，企画財政分野に従事し，産業振興課長，都市政策課長を経て，2010年まで23年
間在籍。2011年　高知短期大学准教授，2012年　同教授，2014年　文教大学経営学
部教授，2017年から現職。
［主な社会活動］
日本計画行政学会関西支部長・常任理事・評議員，日本地方自治研究学会常任理事，
東京都港区中小企業振興審議会会長，厚生労働省地域雇用活性化支援アドバイザーな
ど。
［主　著］
『自治体産業政策の新展開』ミネルヴァ書房，2019年
『中小企業研究序説』（共著）同友館，2019年
『地域マネジメント戦略』（共著），同友館，2014年

【著者紹介】

小川　長（おがわ　おさむ）…………………………………………………第1章・4章
2005年　神戸大学大学院経済学研究科博士後期課程修了。博士（経済学，神戸大学）。
現在　尾道市立大学経済情報学部教授・学部長，中小企業診断士。
［主　著］
「地域活性化と地方創生」『尾道市立大学経済情報論集』第16巻第2号，2016年
「道の駅と地域の活性化」『尾道市立大学経済情報論集』第16巻第1号，2016年
「地域活性化とは何か」『地方自治研究』第28巻第1号，2013年

梶　英樹（かじ　ひでき）……………………………………………… 第3章
2008年　英国バーミンガム大学大学院公共マネジメントコース公共サービス修士課
程修了。
中間支援NPO，国際NGOでファンドレイザーとして従事を経て，
現在　高知大学次世代地域創造センター・地域コーディネーター（UBC），総合科学
系地域協働教育学部門・講師，準認定ファンドレイザー。
［主　著］
『地域コーディネーションの実践』（共著）晃洋書房，2019年
『大学の戦略的経営手法』（分担執筆）大学教育出版，2016年
「地域クラウドファンディングにおける資金調達の成功要因―FAAVOを用いた実証
分析」『Collaboration』第8号，高知大学地域協働教育学部門研究論集，2018年

高田剛司（たかだ　たけし）………………………………………… 第5章・9章
1996年　名古屋大学大学院国際開発研究科博士前期課程修了。技術士（建設部門：
都市及び地方計画）。
1996年〜2020年　㈱地域計画建築研究所（アルパック）。
現在　立命館大学食マネジメント学部教授。
［主　著］
『地域創造のための観光マネジメント講座』（共著）学芸出版社，2016年
『地域のチカラ』（共著）自治体研究社，2009年
『これでわかる！着地型観光』（共著）学芸出版社，2008年

竹田英司（たけだ　えいじ）………………………………………………… 第6章
2012年　大阪市立大学大学院創造都市研究科博士後期課程修了。博士（創造都市，
大阪市立大学）。
現在　長崎県立大学地域創造学部准教授。
［主　著］
『笑うツーリズム：HASAMI CRAFT TOURISM』（共著）石風社，2021年
「地場産業のツーリズム化：波佐見焼生産地のコト消費・モノ消費・トキ消費」『地域
経済学研究』第41巻，日本地域経済学会，2021年
「有田焼生産地の稼ぐ力：地域産業と産業観光」『日本産業科学学会研究論叢』第26
巻，日本産業科学学会，2021年

竹下　智（たけした　さとる）………………………………………………第11章
2020年　大阪経済大学大学院経済学研究科博士後期課程修了。博士（経済学，大阪
経済大学）。
製造業，外資系IT企業，コンサルティング・ファーム（BIG 4）を経て，
現在　安田女子大学現代ビジネス学部教授。
［主　著］
「市民活動（シビックテック）の継続と発展に関する考察―Code for Japan/Kobeの
活動を事例として」『地方自治研究』第35巻第2号，2020年
「中小ソフトウェア業の受託開発における分業構造の変化―ニアショアの新たな可能
性」『日本中小企業学会論集』第40号，2021年
「デジタル変革時代における中小ソフトウェア業の成長戦略」『大阪経大論集』第71
巻2号，2020年

藤原直樹（ふじわら　なおき）…………………………………… 第2章・8章・12章
2015年　大阪市立大学大学院経営学研究科博士後期課程修了。博士（商学，大阪市
立大学）。
現在　追手門学院大学地域創造学部准教授，大阪市立大学大学院経営学研究科特別研
究員。
［主　著］
『地域創造の国際戦略』（共著）学芸出版社，2021年
『グローバル時代の地方自治体産業政策』追手門学院大学出版会，2018年
'Administrative Reform for Sustainable Public Water Services in Japan: A Case Study
of Sewerage Management Reform', Asian Review of Public Administration, 30(1&2),
pp.54-70, 2020.

2021年9月15日　第1刷発行

実践から学ぶ地域活性化
──多様な手法と多彩なカタチ──

編著者	梅	村	仁

	小	川	長
	梶		英樹
編著者	高	田	剛司
	竹	田	英司
	竹	下	智
	藤	原	直樹

発行者	脇	坂	康弘

発行所　株式会社 同友館

☎ 113-0033 東京都文京区本郷 3-38-1
TEL.03 (3813) 3966
FAX.03 (3818) 2774
https://www.doyukan.co.jp/

落丁・乱丁本はお取り替えいたします。　　　　三美印刷／松村製本
ISBN 978-4-496-05555-3　　　　Printed in Japan